戎光祥
郷土史叢書
04

# 黄檗僧 光鑑元如

## 幻の名刹を中興開山した傑僧

野村武男
*Nomura Takeo*

戎光祥出版

# はじめに

武蔵国多摩郡百草村《もぐさ》（東京都日野市百草）は江戸日本橋から甲州道を真西へ約八里、武蔵府中六所宮（東京都府中市大國魂神社）から西南方向の多摩川を渡れば関戸、さらに真西に進めば一宮。ここから始まる多摩丘陵を登り始めれば、百草村の東境となる。

かつて、このいわゆる百草山の頂上に桝井山松連寺《ますいざんしょうれんじ》という寺があった。残念ながらある出来事があってわずか十四年後で無住あるいは廃寺となった。江戸時代初期、日本に入ってきた新しい禅宗、黄檗宗《おうばくしゅう》(1)の寺である。

本著ではこの桝井山松連寺を開いた黄檗僧光鑑元如《こうかんげんにょ》の師たちを紹介することで江戸時代初期の黄檗宗を紹介し、光鑑が百草村へ来るまでのいきさつと松連寺の開山・開基に関わった人たちを辿った。さらに開山僧光鑑が初代住持でいる時の出来事、百草村から出て示寂するまでのわかった限りの軌跡を追うことによって、その一生を説明し、一部推定してみた。

桝井山松連寺開山から十四年後、無住あるいは廃寺になってから三年後の江戸中期、徳川吉宗が八代将軍の宣旨を受けた翌年にあたる享保二年(2)（一七一七）、跡地にさらに同じく黄檗宗の慈岳山《じがくざん》松連寺が開山された。この寺は明治六年（一八七三）まで曲がりなりにも法灯を守り一五六年後、廃寺となった。今は変遷を経て京王電鉄株式会社所有の「百草園」となっている。この山号慈岳山という寺は、相模国小田原城主で幕府老中の大久保忠増の夫人喜与姫寿昌院慈岳元長《じがくげんちょう》尼が開基し、黄檗僧慧《え》極道明《ごくどうみょう》が開山した寺である。これは江戸白金《しろがね》紫雲山瑞聖寺《ずいしょうじ》の末寺で、本山黄檗山萬福寺塔頭《たっちゅう》聖林《しょうりん》院《いん》所管の寺であった。この寺については大名の創建であることから、近年さらに多くのことがわかってきた（拙著『老中夫人寿昌院と智光院』および「尼禅師　寿昌院慈岳元長（小田原→多摩郡百草・黄檗歴史紀行）」）。

　ところが、本著のテーマである桝井山松連寺に関する史料は非常に乏しい。これまでわかっていたことのひとつは、元禄十三年（一七〇〇）、百草村旗本領主三代目小林権大夫《ごんだゆう》正利が、旗本小田切秋《しゅう》山《ざん》から紹介された黄檗僧光鑑元如を開山僧および初代住持に招いた（『武州多麻郡百草村桝井山正八幡宮伝紀』）ことである。旗本である小林家と百草村との関係のいくらかはわかっていた（村上直「全龍寺の石像坐像・旗本小林権大夫正利について」）が、この時代の詳細や、特に桝井山松連寺については不明の点が多かった。しかし近年、桝井山松連寺のいくらかが分かってきた。これを紹介しながらさらにこの寺の謎を明らかにしようと本著に取り組んだ。

　その結果、江戸時代中期はじめの正徳年代（一七一一～一七一五）に無住あるいは廃寺となったこのようないわば片田舎の小寺からでも黄檗宗内一派や住持となった僧侶の一般的な動静が見えてきた。

　本著では、寺院の新規あるいは再興の意味などについての説明はしなかった。そのかわり、ここでいくらか一般的な問題として言及しておきたい。

仏教が日本に入ってきてから寺院は数多く創建されてきた。その目的は、第一にはもちろん信仰であり、その対象である仏を目の前に示すために像を安置する場とすることである。そのほか僧が勤めを果たしたり、居住したりするために必要なものである。しかし平安時代の貴族が壮大な寺院を創建した意味や目的、鎌倉時代前後からの武士が創建した意味や目的、戦国時代の創建の意味や目的には、もちろん信仰を土台としてはいるが、創建者自らの没後の安寧を得るため、敵や味方の戦没者への供養による鎮魂、死者から自らへの恨みなどを除くために、そして自らの権威誇示に利用されてきた。黄檗宗の場合、初期は清新な禅宗という信仰によることももちろんであるが、江戸幕府将軍自らが大檀越《だんおつ》になることによって、大名らはいわゆる忖度して、中興という名で新寺創建になだれ込んでいった感もある。

では、平和が維持され、秩序だった身分制が固定されて権威誇示もあまり必要ではないような江戸時代初期後半の元禄時代において、寺院の創建・中興等の意味は信仰以外にあるだろうか。特に小《しょう》身《しん》四五〇石取りの百草村旗本領主がそうする意味はなんであろうか。史料を読めば、目的には純粋に信仰のため以外に無いように思われるが、本著の記述を通して、何があったかも考えてみたい。

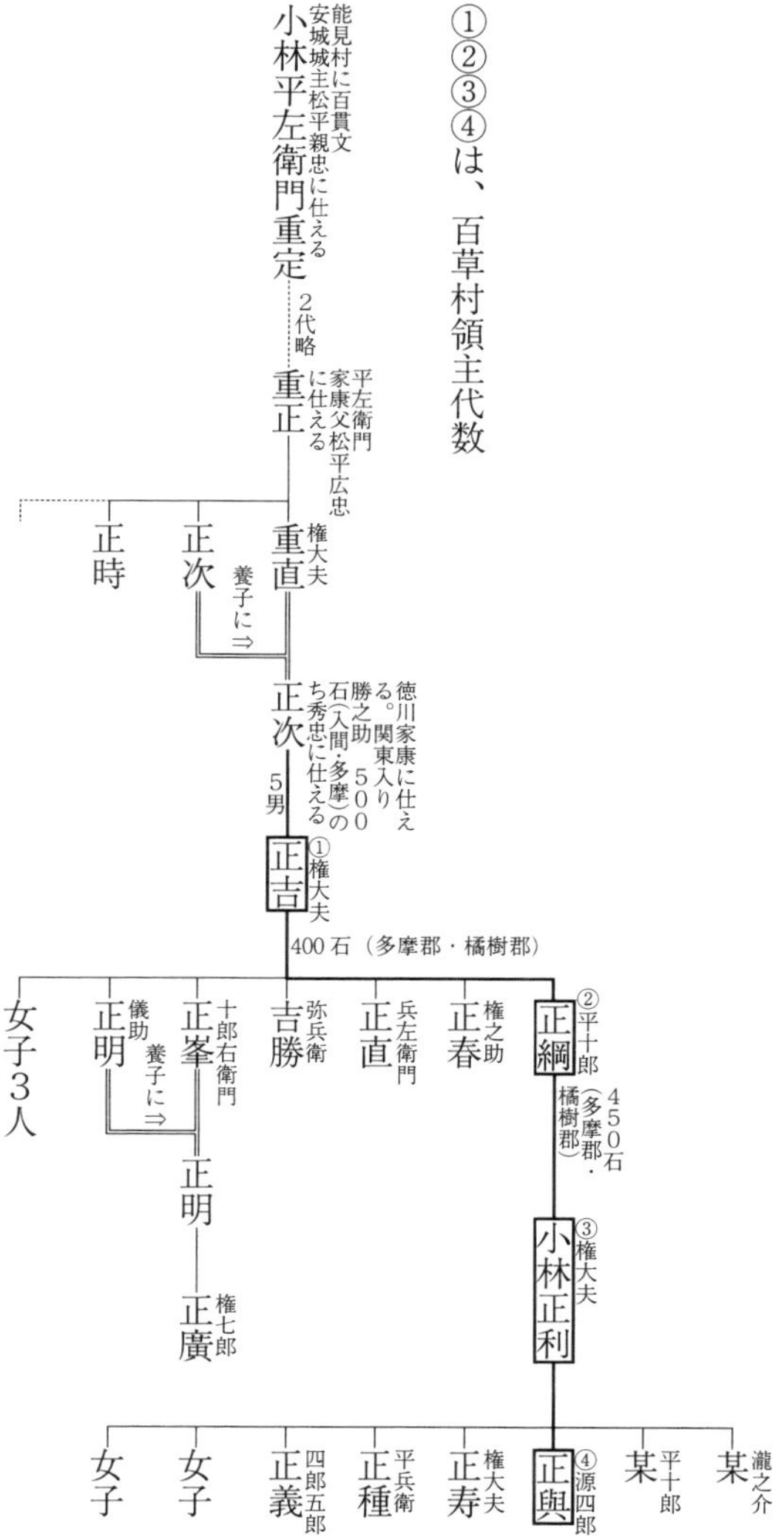


図1　小林権大夫正利周辺系図概要（主に『寛政譜』から）

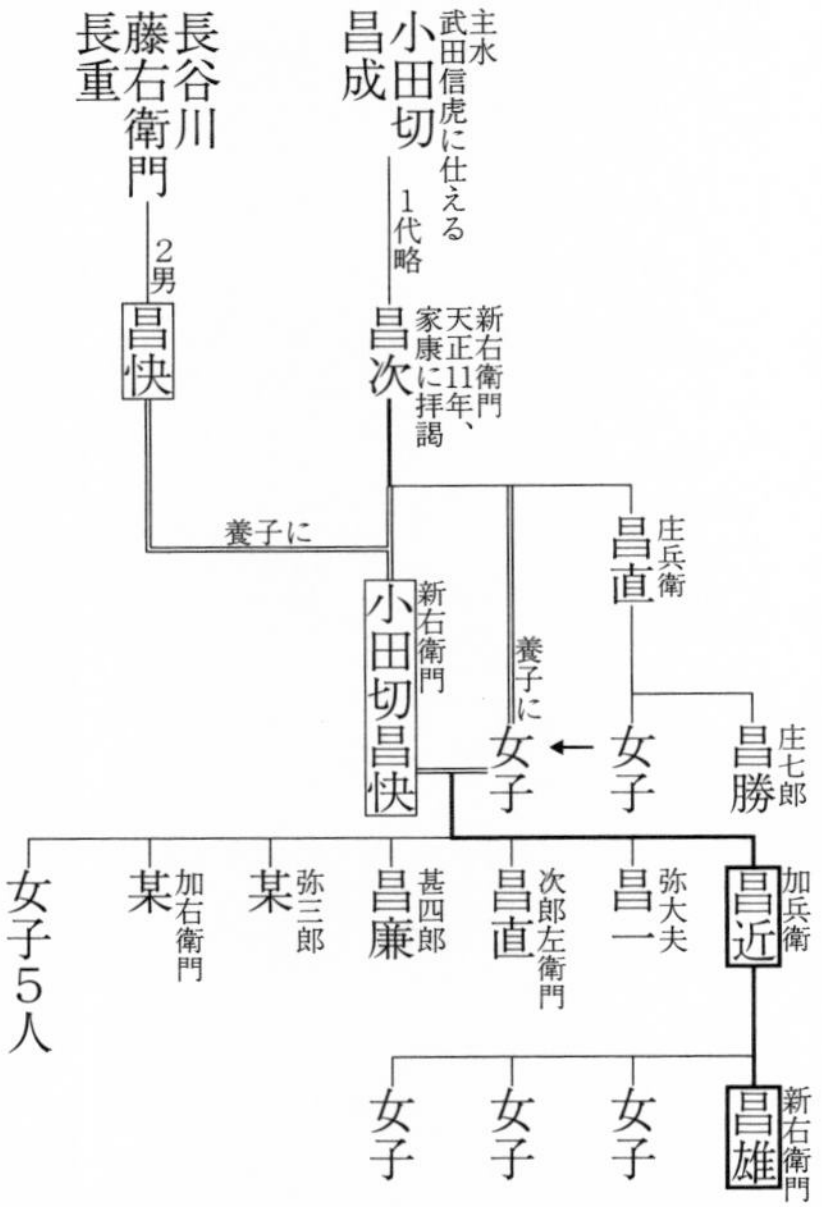


図2　小田切加兵衛昌近周辺系図（主に『寛政譜』から）

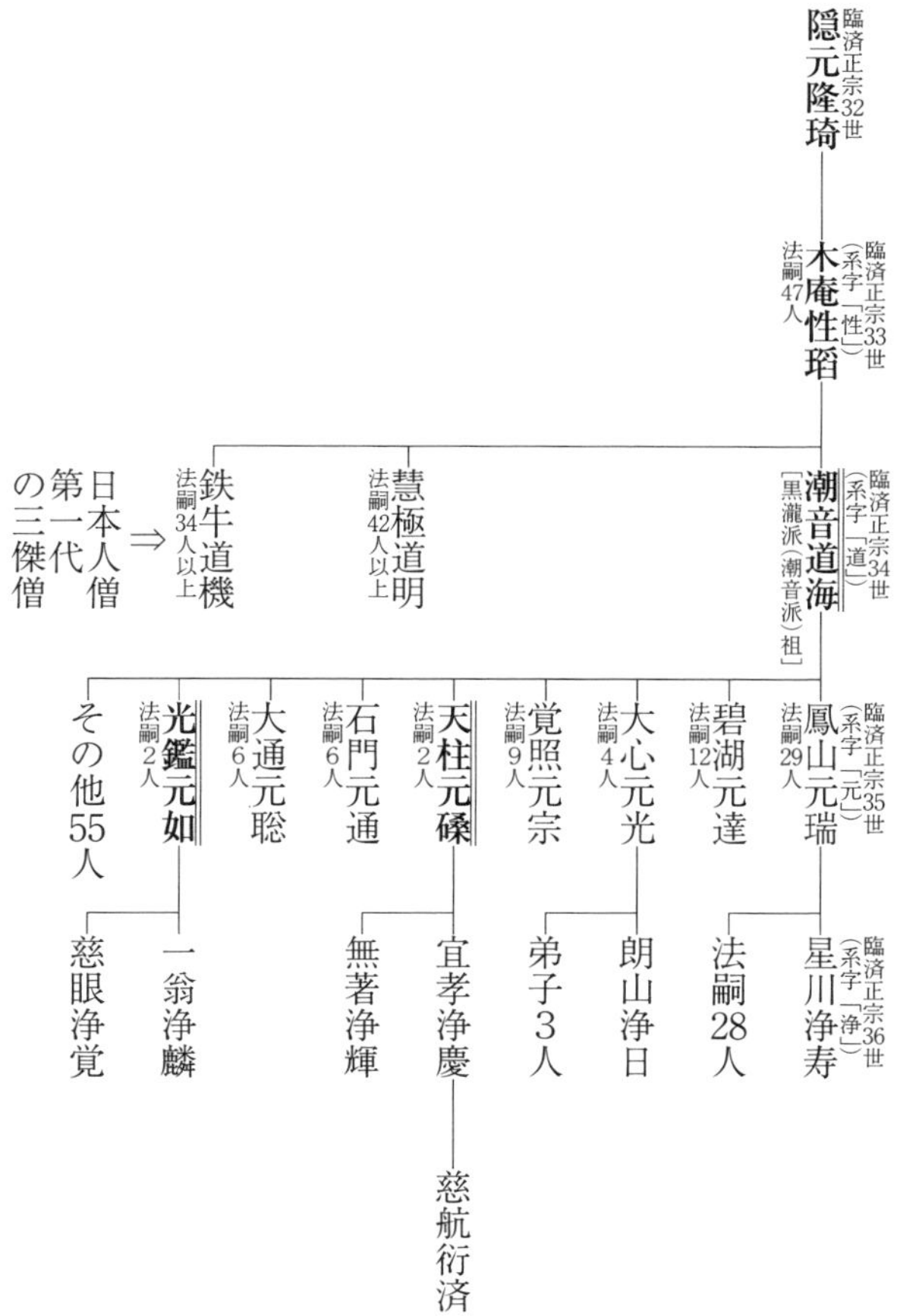


図３　日本黄檗宗祖から黒瀧派法系譜概要（『黄檗文化人名辞典』『黒瀧宗派簿』『緑樹』）
太字は桝井山松連寺住持系譜

目次

はじめに　2

第一章　武蔵国多摩郡百草村「桝井山松連寺」中興開山（1）……14

1　『武州多麻郡百草村桝井山正八幡宮伝紀』から　14
桝井山松連寺中興開山年／どこの寺を引いてきて中興開山したか／桝井山松連寺の黄檗宗僧による中興開山

2　『海録』等から　22
紀行文による松連寺／近隣の他寺院住僧の話をもとにした紀行文

3　桝井山松連寺中興開基小林正利の開山以前からの思い　26

第二章　「桝井山松連寺」開基の百草村領主旗本小林権大夫正利……28

1　小林家祖先　28

2　小林権大夫正利の概要　31

3 小林家領地百草村のその後 33
第三章 小林正利に僧光鑑元如を紹介した友人、旗本小田切加兵衛昌近（号秋山）……34
1 小田切家祖先 34
2 小林正利の友、小田切加兵衛昌近の概要 35
3 小林正利と小田切昌近との友人関係 38
第四章 光鑑元如の師たち……41
1 隠元隆琦による日本黄檗宗草創の概要 41
中国僧隠元隆琦の渡来を要請／日本黄檗宗のはじまり／黄檗宗の花が咲き始める
2 日本黄檗宗の本山二代住持木庵性瑫および日本人弟子三傑僧 48
3 桝井山松連寺開山僧光鑑元如の師、潮音道海の概要 50
潮音道海と黄檗宗との出会い／徳川綱吉、館林城内に一寺を創建／黒瀧山不動寺へ／
潮音道海、不動寺晋山から示寂まで

第五章　桝井山松連寺晋山までの光鑑元如……60
1　光鑑元如の誕生から嗣法まで　60
2　光鑑元如、嗣法時の詳細　63
3　光鑑元如と旗本小田切昌近（号秋山）との接点の考察　68
黄檗宗黒瀧派僧と小田切昌近との接点は？／小田切昌近の先祖地からの推定
第六章　武蔵国多摩郡百草村「桝井山松連寺」中興開山（2）……72
1　中興開山時のまとめ　72
2　開山僧光鑑元如寿像安置と像のその後　74
百草に残る僧形木像倚像の伝承／
僧形木像倚像の小さいほうの主は伝承の寿昌院慈岳元長尼ではない
第七章　桝井山松連寺と江戸市谷谷町禅海庵……82
1　桝井山松連寺墓地の二つの墓塔　82

2　江戸市谷谷町の禅海庵を松連寺が譲り受ける　84
禅海庵とは／光鑑元如、禅海庵を譲られる
3　海眼院江月浄輪、遺産を松連寺に寄進　89
海眼院江月浄輪寂す／海眼院江月浄輪、遺産を松連寺に寄進／
禅海庵、松連寺から出て元に戻る
4　松連寺墓地にある天柱元磉墓銘「松連寺仲興開山」の意味　96
天柱元磉は桝井山松連寺最初の中興開山僧ではない／
光鑑元如が兄弟子天柱元磉を奉って松連寺の追請中興開山僧とした
第八章　小林正利のその後の各種宗教的行動と謎……101
1　桝井山松連寺観音堂と桝井山観音堂　101
桝井山松連寺観音堂扁額の意味／桝井山観音堂手水鉢の意味／
小林正利石造寿像と銘の意味
2　逆修墓塔建立　107

3　庚申塔造立　109
第九章　百草観音堂に残る僧形木像の主は誰か……111
1　禅海庵開山僧天柱元磔の像である可能性　112
2　桝井山松連寺開山僧光鑑元如の像である可能性　113
第十章　桝井山松連寺を出てからの光鑑元如……117
1　光鑑元如の史料空白時期の活動を推定　117
推定①　黒瀧派本山黒瀧山不動寺に戻る／推定②　まず百草村飛び地で住持となる
2　光鑑元如、黒瀧派本山不動寺の十八代住持となる　121
光鑑元如と再び巡り会う／光鑑元如が不動寺十八代住持になった時期の推定
3　上野国邑楽郡眞福山寶林寺中興四代住持となる　125
眞福山寶林寺の概要／光鑑元如に再々度巡り会う／
光鑑元如の黒瀧山不動寺と眞福山寶林寺住持の時期の推定

4　光鑑元如の弟子判明　130
5　光鑑元如の年譜　130
おわりに　135
註釈　138
引用・参考文献　152
年表　光鑑元如の軌跡とその周辺概要　157
謝辞　163

# 第一章　武蔵国多摩郡百草村「桝井山松連寺」中興開山（1）

## 1　『武州多麻郡百草村桝井山正八幡宮伝紀』から

桝井山松連寺中興開山年

桝井山[3]松連寺については、多くはないが古い時代からの記述もあり、昭和時代からいくらかの研究成果が地元で発表されている。それらは百草に現存して目に触れやすい石造物や扁額、各旧家に伝わる文書から調べられたものである。ここでは筆者の考えを入れながら、それらをまとめて紹介しておく。

桝井山松連寺中興に関する史料で大もとになるのは、松連寺が別当を勤めた現百草八幡神社が所蔵する『武州多麻郡百草村桝井山正八幡宮伝紀』[4]（以降『桝井山正八幡宮伝紀』と略記する）であろう。その最後には、

元禄十四年辛巳歳五月の良辰（良き日）　臨済正宗三十五世亀光鑑自紀
領主小林権大夫源正利（かっこ内は筆者の注）

と記されている。すなわち、辛巳《かのとみ》の年、元禄十四年（一七〇一）五月の吉日、黄檗宗三十五世亀光《きこう》鑑《かん》が自ら書き、百草村領主小林権大夫正利とともに、とでもいう意味だろう。後述するが、光鑑元如と亀光鑑は同じ人物である。

領主小林権大夫正利はこのとき幕府の鉄砲箪笥奉行で、六十七歳のときである。この三年後に職を辞して（致仕）いる。

元禄十四年のことについて「正徳四年甲午年九月朔日武州多摩郡百草村明細帳の写し」（『由木家文書』）のなかに八幡宮の管理に関する記事がある。

正徳四甲午年
　武州多摩郡百草村明細帳
　九月朔日
元禄二年己巳二月小林権大夫様御検地ニ而御名寄之
通高反別と以御年貢御役勤来り申候

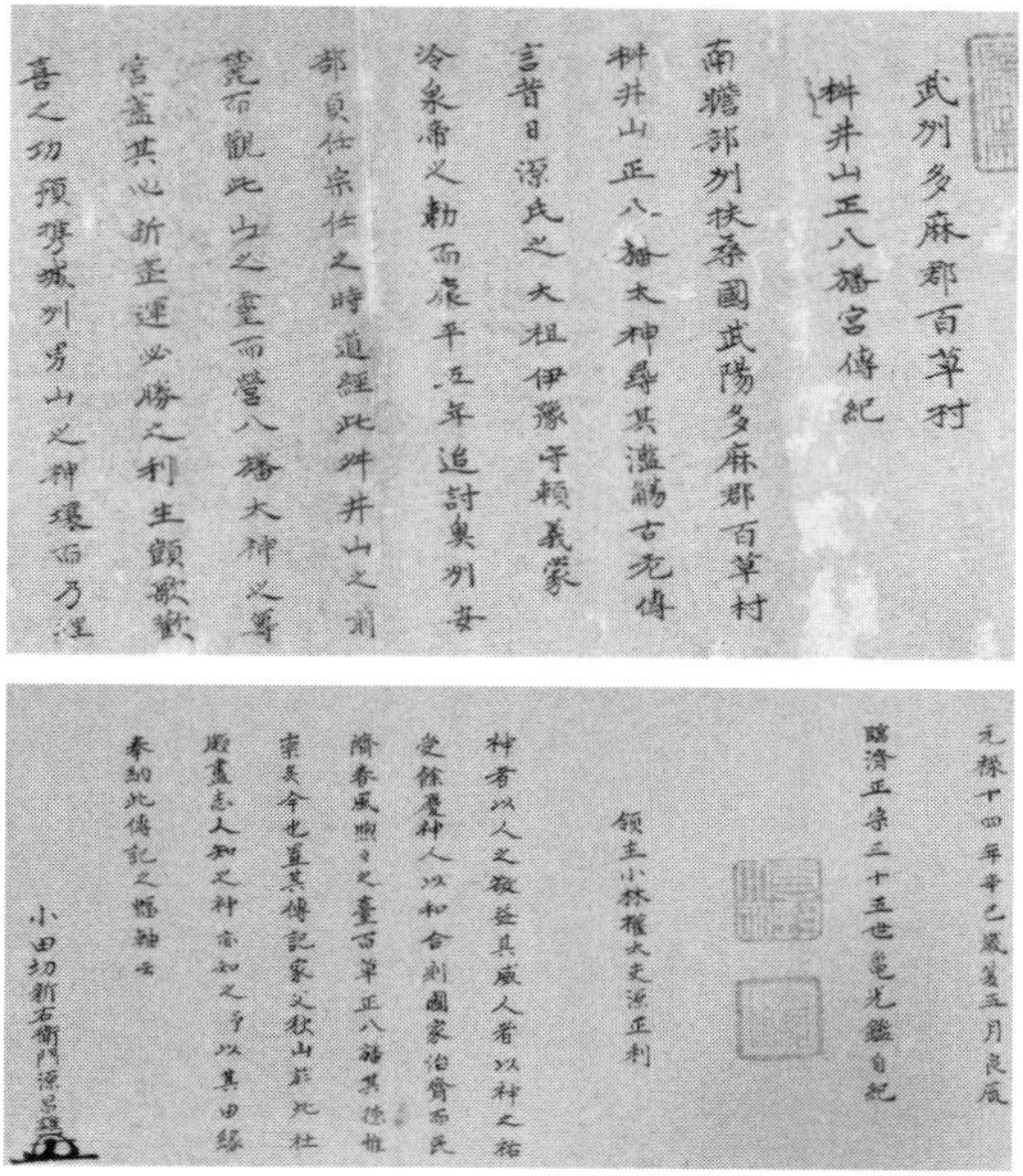

写真１　上：『桝井山正八幡宮伝紀』冒頭部分　下：『桝井山正八幡宮伝紀』最後の部分　百草八幡神社蔵　東京都日野市

（途中略）

一、当村鎮守

桝井山八幡宮　　　　三間四面

康平五年ニ源頼義公御建立

屏殿　　　　九尺弐間

拝殿　　　　梁間弐間

　　　　　　桁行五間

鳥居　　　　九尺

別当　鍵は十三年以前迄ハ万蔵院所持仕候

夫ゟ八九年ハ年番名主所持仕候

元禄十四年巳年ゟ別当松連寺ニ相頼申候

稲荷宮　壱ケ所　　鳥居有

観音堂　弐間四面　巳年ゟ松連寺持ニ相頼申候　云々

この記事と、『桝井山正八幡宮伝紀』の中に記載された亀光鑑（光鑑元如）の百草松連寺への住持として赴任（晋山《しんざん》）した時期の翌年であるということから、前年の元禄十三年（一七〇〇）に桝井山松連寺が中興開山されたといえるだろう。この「写し」で八幡宮の鍵の所持者が「別当」あるいは別当代行を表わしている。元禄十三年までは万蔵院[5]が所持し、さらに万蔵院が所持していたときの八、九年前までは年番名主が預かっていた。そして元禄十四年巳年以降は松連寺が別当となったため鍵は松連寺が持ったということである。十三年に松連寺が開山され、十四年から別当として本格始動ということであろう。

## どこの寺を引いてきて中興開山したか

このころ新しく寺院を造ることは禁じられていた。『桝井山正八幡宮伝紀』文中に「寺門の絶を起こす」と書かれているように、その当時、何らかの事情でなくなっていた寺あるいは無住寺を中興する形でのみ寺院の創建が行われていた。では、桝井山松連寺はどの寺を中興したことになっているのか。百草村や近辺にかつてあった寺や、少し前の時代にあったかもしれない寺について、いくらかの考えが出されてきているが、決定的なものはまだない。たとえば、鎌倉時代最末期か「建武の中興」期ごろに廃寺となったが、その遺跡がわずかに残っていて、また鎌倉幕府の公的記録『吾妻鏡』にも記載されている鎌倉幕府の祈祷寺「真慈悲寺《しんじひじ》」や、『新編武蔵風土記稿』に引用された江戸時代初期の「松連寺由来記」にみえる「松連寺」などが考えられている。

百草八幡宮については、『桝井山正八幡宮伝紀』の続けての記載によれば、

天正辛巳（九年・一五八一）、寛永壬申（九年・一六三二）、寛文丙午（六年・一六六六）、僧舎とと

もに修造された、（かっこ内筆者の書き入れ）

とある。現在この「僧舎とともに」と書かれた僧舎が松連寺という名の寺ではないかという推測もされている。

少しあとの寛文十二年（一六七二）の棟札が当神社に残っている（第二回「幻の真慈悲寺を追って」特別展資料）。この棟札に記述された字のなかに「別当松連寺」という字も書かれているため、松連寺がそのときあったとも考えられ得る。しかし実は、「別当松連寺」の「松連寺」部分は明らかに何か別の字を消して書きかえられているように見られるため、専門家の間では後の時代の書きかえと考えられている。であれば、このとき松連寺はなかったともいえる。実際、この棟札に書かれた執行《しつぎょう》僧、すなわち、おそらく開眼供養を執り行った僧は百草村から二キロメートルほど西にある古刹真言宗高幡山金剛寺の僧である。あるいは別当とされた松連寺はあったが、無住か開眼供養を執行できる僧がいなかったために、近くのこの寺院の僧に頼んだということも考えられる。

さらに『新編武蔵風土記稿』のなかに引用されている慶長十五年（一六一〇）に書かれたとある「松連寺由来記」(6)の記事に対しての考察が出されている。その由来記には、

……天正年中賢恵上人松連寺住持義範と俗縁に依る為、また小笠原ならびに小田野氏等の大旦那らが共に当寺（松連寺）鎮守八幡宮を修造した、（かっこ内は筆者の注）

とあり、ここに書かれた人物の実在や周辺地域の八幡宮などに関する文書、地域の古い農家から出て

きた古文書写しにある人物、内容などから、また慶長十五年は天正年中からわずか三十年しか経っていないということもあって、天正年中に松連寺は存在したのではないかという（上野さだ子「松連寺の建立はいつか」）。この上野氏の論文はかなり説得力のあるものである。ただ前述の『正徳四年甲午年九月朔日武州多摩郡百草村明細帳の写し』のなかに八幡宮の鍵のことが書かれていた。この文からは、元禄十三年までは万蔵院が、さらにそれより前の八、九年間は年番名主に預けられていたというが、万蔵院が鍵を預かっていた年月が書かれていないため、どのくらい前まで遡ればいいかは不明である。しかしこれは、さらにその前には別当寺となる寺が松連寺という名かどうかは不明であるが、あったとも解釈できる。

これらのことからまとめれば、天正年中から慶長時代（江戸幕府開始時）までは松連寺があり、その約五十年後の寛文時代には廃れて荒れ果てたお堂があったという解釈になる。これは百草村領主二代のころ、前述の棟札の頃である。この状態がさらに三十年ほど、元禄時代まで続いたということになるか。

三代領主小林正利はこれを見て、この寺を再び興したいと考えたのかもしれない。しかし考古学的にも史料的にもまだ前述の時代の松連寺の存在ははっきりせず、桝井山松連寺の中興開山がどの寺を引いてきたかはいまのところ謎のなかである。おそらくいにしえにあった真慈悲寺か松連寺を引いてきたという段取りで桝井山松連寺が中興開山されたということになったと推定できる。松連寺と同じ百草山にある八幡宮は、絶え間なく存在し続けたことは確かであろう。

## 桝井山松連寺の黄檗宗僧による中興開山

臨済正宗《りんざいしょうしゅう》は、先述の注記のように、今でいう黄檗宗である。この『桝井山正八幡宮伝紀』にある三十五世というのは、中国臨済宗第一世から数えてのものである。日本に黄檗宗をもたらした隠元《いんげん》隆琦《りゅうき》は三十二世となる。隠元までの中国黄檗宗の法系図は『黄檗宗鑑録』に記載されている。地域では、いままで黄檗宗とか臨済正宗の第何世とかについての詳細は一部の人々を除いてほとんど知られていないことであった。それらをはっきり意識させたのは、日野市「幻の真慈悲寺プロジェクト」での研究発表等であった（上野さだ子ら「松連禅寺之碑」、西村勉「日野市百草山における二つの廃寺―慈岳山松連寺と桝井山松連寺」）。またこれらの研究によって解読がより正確に、より深化していった。『桝井山正八幡宮伝紀』には松連寺開創のいきさつも書かれているが、難解な文章のため、その部分をいくらか意訳してみる。

小林権大夫正利は素より神明を尊崇し、仏を信仰している。そこで八幡神社の修造を惜しみなく行なった。また寺門が絶していたため、これを復興しようと考えた。正利に友人小田切秋山がいた。その小田切が、わたくし亀光鑑（光鑑元如）が松連寺に赴くことを正利に語った。まさに神徳と仏の恵による。正利は実に仏を護り、法を守る善人である。

これを簡単に説明すると、百草村領主三代小林権大夫正利は百草村八幡宮の修造と別当松連寺を再興することを望み、元禄十三年（一七〇〇）、友人である小田切秋山《しゅうざん》の紹介で、わたくし黄檗僧光鑑元如（ここでは亀光鑑と名乗っている）を開山に迎えて、新しく桝井山松連寺を中興・再建した、となる。松連寺はここで桝井山八幡宮の別当寺となった。またこれを記念して正利の要請で光鑑は『桝井山正八幡宮伝紀』を著わした。奇しくもこれが書かれた年は『桝井山正八幡宮伝紀』の八幡宮修造年について最初に出てきた「天正辛巳」年のちょうど一二〇年後の同じ干支、節目の年であった。

正利の友人秋山は旗本小田切加兵衛昌近《まさちか》のことである。五十八歳の元禄九年（一六九六）から職を辞して秋山と号し、嫡男昌雄がこのとき二十七歳で跡を継いでいた（『寛政重修諸家譜』）。昌雄は父の桝井山八幡宮へ寄せる心を知って『桝井山正八幡宮伝紀』を表装して奉納したことが最後に付して記されている。その署名は「小田切新右衛門源昌雄」とある（写真1下）。

## 2 『海録』等から

### 紀行文による松連寺

文化・文政時代から天保時代にかけて江戸の名士たちが多摩地方の古刹や名所を訪ね、多くの紀行文を残している。そのなかに小田原城主大久保家が百草村に創建・中興した慈岳山松連寺を訪れ、住持の話しを聞いて、その内容を記している。例えば、大田南畝の『多摩川砂利』（文化六年・一八〇九）、竹村立義の『百草松連寺の記』（文政十年・一八二七）、かの有名な松浦静山の『甲子夜話続編』（文政十年・一八二七）、『多波の土産』（文政十一年・一八二八）などがある。このなかに松連寺開創の話もある。しかしだいたいは慈岳山松連寺の話で、桝井山のほうの話はない。紀行文を書いた旅人が話を聞いたという住持は慈岳山松連寺八代の魯庵如道《ろあんにょどう》である。魯庵は境内に「松連禅寺之碑」という石を三段に積んだ上に高さ一七〇センチメートルの大きさの石碑を、時の代官中村八大夫知剛の助けを借り、小田原大久保家臣一〇〇石の岡田左大夫光雄の撰文・書篆《しょてん》で、約一四〇〇字の漢字で細かくびっしりと松連寺の由来から現状までを記して、文政十三年(7)（一八三〇）八月に建てている。ちょうどこれを準備している頃に名士たちが訪ねて来ている。魯庵は彼らに話した内容と同じような内容の碑文を考えていたに違いない。この碑にも桝井山松連寺については書かれていないが、開山僧光鑑元如のことは違った意味にして書いている。

……慶長中、余盡を収合して新たに庵を故趾になし、庵主は海印となす。後に黄檗派となり、瑞聖禅寺の末となる。首僧は光鑑となし、今に至るに八住持を更る。曰く慧極、これ中興開士たりと。曰く北宗、曰く……（上野さだ子・峰岸純夫・若林希一「松連禅寺之碑」）

これを読むと、光鑑は瑞聖禅寺末の松連寺で首僧ということになる。しかし瑞聖禅寺末の松連寺は慈岳山松連寺であって桝井山松連寺ではない。またそのあと八住持とあるが、この中に首僧と呼んだ光鑑は入っていない。文政十年（一八二七）に竹村立義が書いた紀行文の中でも、元禄十三年（一七

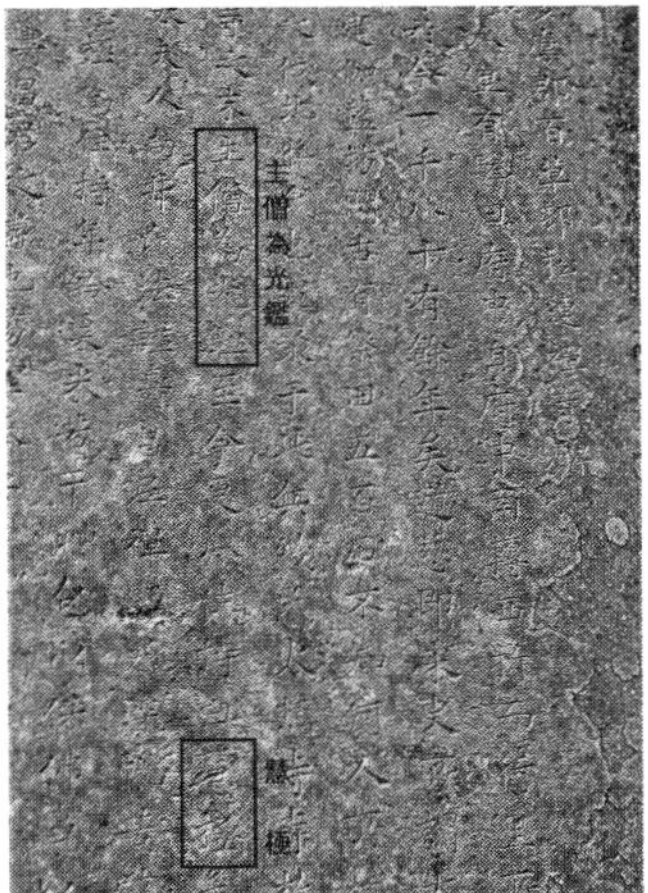


写真２　上：百草八幡神社境内に建つ「松連禅寺之碑」　中：同碑題銘部分　下：同碑首僧為光鑑部分

写真３　松連寺絵図　慈岳山松連寺、位置は桝井山松連寺と同じ
『武蔵名勝図絵』から

〇〇）に土中から掘り出した経筒や土器を住僧が見せていることに関して、この寺の中興は享保年間なのになぜこの掘り出した時期が二十年ほど前の元禄なのか、という疑問を抱かせている。それに対して、元禄以前に形ばかりの寺のようなものがあったという説明を聞かされている。「松連禅寺之碑」と同じく、このように桝井山松連寺のことを知っているにもかかわらず、はっきり言わない真意は不明である。しかし光鑑の名は外せられないらしく、「碑」には首僧と書いて、一応、名を奉っているのではないか、と思わせる。

『新編武蔵風土記稿』などの内容も魯庵の話をもとに書いたと思わせるようなところがある。『武蔵名勝図絵』もこのころ出来たものであるが、その中に「真慈悲寺」も書き込まれていて、これも『桝井山正八幡宮伝紀』をもとに魯庵の語りから入れられたものとも考えられる。

## 近隣の他寺院住僧の話をもとにした紀行文

　これら紀行文の中で、松連寺のことについて、松連寺の住持ではなく、近くの寺の僧に聞いた内容を記しているものがある。文政三年（一八二〇）から天保八年（一八三七）に書かれた山崎美成の『海録』（巻之十一の三十一「古器を掘出せし話」）である。百草村の隣、関戸村延命寺住僧沙門春登に聞いた話として、つぎのように書いている。

……百草村青蓮《（ママ）》寺、草創の歳歴未詳ならず、中頃衰廃せしを、宝永年間、小林氏正利と云者再修造す、今に其時の喚鐘・洪鐘等あり、其後一宇焼失し廃退して、纔（注：かろうじて、わずか）に草庵の如く也しを、大久保侯其頃檗門を尊信し、目黒瑞祥《（ママ）》寺慧極老師に帰依ありて、岡崎三郎君追福の為に、領国に一宇の梵刹を建て給へり、其母公寿昌院尼も一宇を造立せむ事を思はれしが、……、享保二年乙（丁）酉、青蓮《（ママ）》寺の廃跡を再建し、……慈岳山青蓮《（ママ）》寿昌禅寺と号す……（国会図書館デジタルコレクションより）（かっこ内は筆者注）

　細かく見れば間違っているところはかなりあるが、小林正利の「修造した」松連寺とその後の慈岳山松連寺（「青蓮《（ママ）》寿昌禅寺」）を明らかに分けて書いていることが特徴である。ただし慈岳山という山号は書かれているが、小林正利の創った松連寺のほうの山号桝井山は書かれていない。

　以下、『桝井山正八幡宮伝紀』の中に書かれた人物や、その後に調べて分かったことなどを記述していきたい。

## 3　桝井山松連寺中興開基小林正利の開山以前からの思い

領地内の百草八幡宮を代々崇敬してきた小林家は三代の権大夫正利により、さらに宗教的な思いを深めていた。神仏等像の安置場所としての各種建築物の修造やお堂の創建などを行なってきた一連の行動の中に桝井山松連寺の創建・中興開山があったと思われる。

桝井山松連寺の建っていた山から四百メートルほどまっすぐに下ったところに現在名「百草観音堂」というものがある。筆者は、これはおそらく三代目の正利が今ある位置と同じ場所、百草村倉沢というところに「倉沢観音堂」を建て、それがのち「桝井山松連寺観音堂」となり、さらに改めて「桝井山観音堂」と名付けられたと複数の資料から推定した（拙著「小林権大夫正利開基の観音堂は百草村倉沢にあり」(8)）。この考えは、現在、百草八幡神社所蔵の「銘入り供物杯」の存在が大きな根拠であった。その銘は、

奉寄進　倉沢観音堂　領主嫡　小林弥市郎正與　于時　元禄四天辛未八月日

である（第二回「幻の真慈悲寺を追って」特別展資料）。倉沢という地名はいまも百草の中に自治会名や灌漑用水を兼ねた小川の名に残っている。この供物杯は、桝井山松連寺中興開山の九年前に正利の嫡男正與《まさよし》(9)から「元禄四年（一六九一）辛未《かのとひつじ》八月」に「倉沢観音堂」へ寄進されたものである。このとき正與は二十五歳である。位置からして小林家の百草村陣屋内に建てられたと思われる。建てたのは

正利が領主になった延宝二年（一六七四）以降である。また前述の正徳四年（一七一四）の村明細帳の基礎となり、観音堂の存在を示した正利検地の元禄二年（一六八九）以前に建てられたと思われる。

このように以前から神仏を崇める正利は観音堂の創建や父の代の八幡宮修造から考えをさらに進めて、元禄十三年（一七〇〇）の八幡宮別当寺松連寺の中興開基・開山に臨んでいったものと思われる。

# 第二章　「桝井山松連寺」開基の百草村領主旗本小林権大夫正利

## 1　小林家祖先

百草村に桝井山松連寺を中興開基したのは、前述のように百草村領主三代目の小林権大夫正利である。まずは百草村領主小林家の概要を紹介しよう。

豊臣秀吉と小田原北条とのいくさが終わった天正十八年（一五九〇）八月、徳川家康は秀吉の命に従って、これまでの駿河国を中心とした五ヶ国の領地に替えて北条の領地であった関東へ入り、関八州のほとんどを新しい領地とした。江戸を本拠地としたが、江戸の西後方の多摩地域では、北条家の武蔵国の拠点であった八王子や府中を中心として、はじめ代官により徳川流に地域の支配体制の編成替えが行なわれていった。百草村は、関東入り間もないころについてははっきりしていないが、おそらく八王子代官の支配地であったと思われる。はっきりしてきたのは江戸幕府発足後しばらく経って、小林家の領地となった時からである（『日野市史　通史編二』）。

小林正利の祖先は徳川家康の八代前、三河国安城城主松平親忠《ちかただ》に仕えた小林平左衛門重定で、三河国能見村《のみむら》（愛知県岡崎市元能見町）に一〇〇貫文を領したのが始まりである。姓は藤原氏（『寛政重修諸家譜』）。徳川家の家臣としては最古参の家である。それより五代あとが戦功華々しい小林勝之助正次であり、家康関東入り時の当主である。

　当主正次の五男が正利の祖父旗本小林権大夫正吉《まさよし》である（図1参照）。正吉は寛永十九年（一六四二）十二月十五日に廩米《りんまい》三五〇俵に五〇石加増され、それまでの廩米を改め采地《さいち》、武蔵国多摩郡百草村三〇〇石と同国橘樹郡下小田中村《たちばなぐんしもおだなかむら》（神奈川県川崎市中原区）一〇〇石の計四〇〇石知行（『武蔵国田園簿』）の領主となった[10]。ちなみに各村の石高を調査し、まとめた『武蔵国田園簿』が作成されたのはこの正吉の時代である。徳川古参の出自である小林家の正吉は名誉ある大番を慶長十四年（一六〇九）から勤め、『徳川実紀』にも徳川家光将軍宣旨から間もない元和九年（一六二三）十一月の時期での正吉ら大番の精勤ぶりが記されている。のち幕奉行、さらに江戸城裏門切手番の頭へと替わっていく。裏門切手番頭《ばんがしら》時代の明暦三年（一六五七）十月二十二日には、「老衰」（七十一歳）にもかかわらず精勤ということで再度、賞せられている（『徳川実紀』）。このように正吉の公的記事は多い。万治三年（一六六〇）十二月十六日に辞職し、翌寛文元年（一六六一）閏八月二十三日に没した。七十五歳、法名正林。赤坂の松泉寺に葬られた。いまその墓は見当たらないが、先祖代々と書かれた新しい墓塔があり、家紋は同じ「丸に揚羽の蝶」であることから子孫のものと思われる。

　正利の父、御幕奉行平十郎正綱《まさつな》は寛文元年十二月十日、正吉の遺跡を五十二歳のときに継いだ。そのとき彼自身が寛永十年（一六三三）二月からすでに領していた四五〇石のうち四〇〇石を幕府に返し、父の四〇〇石を継いだ。翌年、残り五〇石を橘樹郡下小田中村に移した。その結果、多摩郡百草村で三〇〇石、下小田中村で一五〇石の計四五〇石を領知することとなった（村上直「全龍寺の石造坐像」）。慶安二年（一六四九）四月、三代将軍家光の日光参詣供奉者のなかに幕奉行正綱の名がある（『徳川実紀』）。さらに寛文十二年（一六七二）六月八日付の正綱（「正縄」）・正廣名記載の棟札が百草八幡神社にある。桝井山八幡宮（現百草八幡神社）本地阿弥陀如来像を村人十六人とともに寄進したことが記されている（『石坂一雄家文書』および「第二回幻の真慈悲寺を追って」特別展）。村人と共に寄進というところが大名領地とは趣が異なり、のちに桝井山松連寺の遺物が現在に至っても残っていることと関連して重要なことであったと思われる。[11]

　このときから間もない延宝二年（一六七四）四月十七日に六十五歳で没した。墓地はその後代々菩提寺となる江戸屋敷近くの江戸麹町浄土宗常栄山心法寺に、比較的大きな地を占めて今も存在している。法名、陽徳院殿貞誉松龍居士（墓塔銘より）。徳川二代秀忠・三代家光・四代家綱の時代を生きた。

## 2 小林権大夫正利の概要

主に『寛政重修諸家譜』正利譜から引用する。寛永十二年（一六三五）に江戸で生まれた（没年から計算、以下同様）。承応元年（一六五二）八月二十八日、四代将軍徳川家綱に拝謁した。このとき十八歳。承応三年（一六五四）七月十八日、大番任務となり、江戸城警備に就く。延宝二年（一六七四）四月十七日に父正綱が亡くなり、七月十二日、四十歳で遺跡武蔵国多摩郡百草村の三〇〇石と橘樹郡下小田中村一五〇石、合わせて四五〇石を継いだ。旗本でお目見え以上の格。延宝五年（一六七七）十一月二十九日、四十三歳、二十三年間勤めた大番役から御留守居支配の下にある五奉行のひとつで弾薬などの監守製造役である鉄砲箪笥奉行に転じた。その二十七年後の宝永元年（一七〇四）五月二十六日、七十歳で致仕した。『御家人分限帳』には、

小普請組　松平主計頭組　酉　七十一

とある。酉年（宝永二年乙酉《きのととり》）の七十一歳のときに小普請組に配属、という意味である。致仕後の一応の配属として小普請組となっている。ここから亡くなるまで、地元百草村などに今でも名を残す各種の地域歴史遺産となるものを造っていく。

小林家の陣屋は百草村にあったが、寛永二年（一六二五）頃に旗本屋敷を江戸で割り振られるようになったことから、初代正吉の時には江戸に屋敷を持ったことであろう。三代正利も現役の頃は江戸

に居住していたと思われる。江戸の屋敷は「番町の内」とあり（『江戸城下武家屋敷名鑑』）、現在の千代田区九段南二・三丁目、一番町、三番町あたりだろう。また雑司ヶ谷にも公邸ではないが、抱屋《かかえや》敷《しき》があったらしい（『豊島区史』[12]）。室は窪田氏の娘であるが、離婚したか、先立たれたか、後妻に植村孫左衛門の娘を娶っている。妻二人の詳細は不明である。嫡男正與の母は窪田氏娘である。後に養子になって正與の跡を継ぐ正利四男の正壽《まさなが》の母は植村孫左衛門の娘である。正利にはその他、息子が三人あるいは四人、娘が二人いる。

正利は正徳元年（一七一一）三月二十四日に没した。墓石銘では三月二十三日とある。七十七歳。法名、正利院殿容散成石居士（墓石銘より）。徳川将軍三代家光・四代家綱・五代綱吉・六代家宣の世を生きた。

小領主旗本は治める地が小さく、また幕府からいわば指定された地に赴く。徳川の旗本たちは遠い三河からきたものが多いため、新しい東国の領地の歴史をあまり知らない。これを掘り起こすことを引退や致仕後楽しむものもいる。小林正利もそんな一人かもしれない。ただ現在と異なって領地内での権力があるため、現在の一介の市民よりもやりたいことをやりうる範囲は広く、自分で調べられる現地の研究内容も深い。もちろん領主は領地の農民の事《こと》を知らねばならないし、またそれには農民の支配されてきた歴史を知らねばならないだろう。しかし私見であるが、それ以外の領地内の歴史は趣味の範囲に入るものだったと思われる。

## 3　小林家領地百草村のその後

正利の嫡子正與は正徳元年（一七一一）五月に四五〇石を継いだ⒀。継いで間もない頃、百草村にて殺人事件という大きな不祥事があった（『寛政重修諸家譜』『徳川実紀』）。『徳川実紀』では『間部日記』を引用して「小普請の士小林源四郎（正與）某采地の」事件とあるが、事件の起きた村名の記載はない。『寛政重修諸家譜』からはそれが多摩郡の采地と書かれていることから、百草村とわかる。事件の概要は［註釈］⒁に記したが、ここでも村の農民が、家臣親族とともに事の成り行きを訴えていることが小身旗本領地の特徴で、領主と村民の距離がかなり近い。後述のように、桝井山松連寺の遺物などが大名創建の慈岳山松連寺のものと異なり、明治の廃仏毀釈による廃寺の際に散逸しなかった要因ではないかと思われた。幕府による事件の裁断で正徳四年（一七一四）八月五日、百草の三〇〇石は越前国丹生《にう》に所替えとなった⒂。徳川の旗本領地が役目と関係なく江戸から遠く離れた地にあることは非常にまれである。事件の懲罰的な処断であったことがこれからも知られる。正與は享保元年（一七一六）九月三十日に亡くなった。五十歳、正統院殿陽山禅與（墓石銘より）。

このように小林家は、正徳四年に百草村の領地をなくし、父正利が寺に寄進したものや石造物など一部を百草に残して去った。百草村はその後、幕府の直轄地となり、再び代官の治める地となった。

# 第三章　小林正利に僧光鑑元如を紹介した友人、旗本小田切加兵衛昌近（号秋山）

## 1　小田切家祖先

小林権大夫正利の寺院創建の意図を知り、黄檗僧光鑑元如を正利に紹介した旗本小田切秋山《しゅうざん》の家は、正利の祖先と異なり甲斐武田の家臣の身から徳川家へ仕えるようになった。

昌近の祖先は信濃国佐久郡小田切村の出身であり、武田信虎に仕えた昌成を祖とする（図2参照）。祖父は昌成の一代あとの新右衛門昌次である。昌次は十六歳の天正十一年（一五八三）初めて家康に仕えた。武田が滅んだ翌年である。文禄元年（一五九二）十一月、大番となり、禄は廩米三〇〇俵であった。大坂の役《えき》のとき苅田奉行、のち具足奉行となる。正保元年（一六四四）八月二十五日に没した。七十七歳。

昌近の父は昌次の養子で、長谷川藤右衛門長重の二男である新右衛門昌快《まさよし》。寛永五年（一六二八）十七歳ではじめて家光に拝謁、四月に大番、七月に廩米一五〇俵を得た。寛永八年（一六三一）五〇俵、十年（一六三三）二〇〇石増となり、すべてを采地に改められ相模国大住郡のうちで四〇〇石となった。小林正吉と同じ高である。のち御蔵奉行となり、さらに慶安四年（一六五一）書院番頭などに出世していく。『徳川実紀』慶安二年（一六四九）五月十五日の項に昌快が出て来る。昌快が『徳川実紀』に出て来るのはこの一ヶ所だけである。昌快を含めた大番四人で武総両州を巡察し、地図をつくることを命じられている。

妻は昌次長男昌直の娘である。貞享二年（一六八五）九月八日、七十四歳で没した。実家長谷川家の菩提寺、相模三浦の曹洞宗長谷山海宝院に葬られた。法名浄青。

## 2　小林正利の友、小田切加兵衛昌近の概要

小田切加兵衛昌近は寛永十六年（一六三九）に生まれた。小林正利誕生の四年後である。母は伯父昌直の娘である。正保三年（一六四六）八歳で初めて三代将軍家光にお目見え。大番出仕は万治二年（一六五九）七月、二十一歳である。寛文元年（一六六一）、廩米二〇〇俵を得たが、十八年後の延宝七年（一六七九）、大番を辞め小普請となった。何があったか筆者には不明である。このころの江戸屋敷の記録があり、「番町の内」とある。今の千代田区一・二・四・六番町あたりという。天和三年

（一六八三）再び大番となったが、また大きな問題と自身に罪が及んだ災難が起きた。『寛政重修諸家譜』昌近譜・その嫡男昌雄譜と『徳川実紀』に概要が載せられている。昌雄の場合は父の連座によるものである。

その問題とは、昌近が大番復帰の二年後、父昌快が亡くなり、その翌年の貞享三年（一六八六）十二月、上総国山辺郡《かずさのくにやまべぐん》の砂田村《いさごだむら》と萱野村《かやのむら》（千葉県大網白里市砂田・萱野）争論の解決のため両村に代官竹内三郎兵衛信就とともに赴いたことがはじまりである。その検分が粗であったため、翌年究明され、またその答えがあいまいだったために罰を受けた。貞享四年（一六八七）七月、最初出羽国上山《かみのやま》城主土岐伊予守頼殷《よりたか》預かりとなった。元禄四年（一六九一）、土岐頼殷は大坂城代となったため、二月、同じく出羽国松山城主酒井石見《いわみ》守忠予《ただやす》に預かり替えとなった。十八歳の息子昌雄は土佐国幡多郡中村の山内大膳亮豊明《とよあきら》に、のち土佐国大名松平（山内）土佐守豊昌預かりとなった。争論に一緒に赴いた代官の竹内信就も別に他所へ預かりとなり、勘定奉行らも戒められている。

罰の原因は、現地の代官岡上次郎兵衛にとんでもないよこしまな不正があったことで検分に出かけたが、うまく処理できなかったらしく、あるいは代官に丸め込まれたか、それが彼らの大きな失敗となったようである。現地代官の岡上は八丈島に流されたが、あまりに私曲が大きくて岡上父子はともに切腹となった。その配下も多く罰せられた大きな事件だったのである（『史料綱文』）。有能な父昌快が『徳川実紀』に一個所だけ出てきたのに対し、この不始末のことで昌近は何度も出て来るが、不名誉なことなのが残念である。

昌近が父の遺跡を継ぐ、という記事は見当たらない。大番復帰と遺跡継承とも関係がありそうであり、またこの事件とも関係がありそうであるが、不明である。父昌快が寛永十年（一六三三）に得た相模大住郡の領地はどうなったであろうか。『新編相模国風土記稿』をみても他の旗本などの記載はあるが、昌快や昌近のことはない。

昌近・昌雄らの預かりの身は結構長く、赦免されたのは約五年後の元禄五年（一六九二）五月九日である(16)。前将軍家綱の十三回忌法会の恩赦によるもので、このとき多人数の赦免が列記されている。昌近は、先の大番を辞した理由は不明であるが、そのことと今回の事件とから、役人精神からいくらか外れたひ弱さ、あるいは人の好さを感じさせる。

昌近は二年後の元禄七年（一六九四）五月、先の廩米二〇〇俵を再び得て小普請となったが、二年後の元禄九年（一六九六）七月五日で致仕し、秋山《しゅうざん》と号した。小林正利の亡くなった翌年、正徳二年（一七一二）八月十五日に没した。父昌快と同じ七十四歳であった。戒名浄林。江戸市谷の臨済宗正覚山月桂寺に葬られた。残念ながら今の月桂寺に墓は見当たらない。松連寺廃寺になる前のことであった。

嫡男昌雄は、昌近が職を辞した元禄九年七月五日、家を継いだ。二十七歳。『桝井山正八幡宮伝紀』最後に追記しているのはこの五年後のことである。昌雄の母は間宮諸左衛門信秀の娘である。貞享元年（一六八四）六月十五歳で初めての五代将軍綱吉への拝謁であった。元禄十五年（一七〇二）五月、三十三歳で大番に就く。正徳三年（一七一三）三月、致仕。享保二年（一七一七）四月一日、没した。四十八歳、戒名心鉄。奇しくも桝井山のあとの慈岳山松連寺開山の年である。死の前、このことを知っていたであろうか。墓は牛込盛高山保善寺《ほぜんじ》。中野区上高田へ移ったこの寺の墓地に小田切家の墓は見当たらない。

## 3　小林正利と小田切昌近との友人関係

『桝井山正八幡宮伝紀』に、小林正利と小田切秋山（昌近）は友人、と書かれていた。どこで、どういうことで友人になったのであろうか。

正利が生まれたのは寛永十二年（一六三五）、一方、小田切昌近は四年遅い寛永十六年（一六三九）である。おそらく二人とも父、祖父が大番の時代が長かったことから、住居は番町の屋敷と思われる。とすれば、両人とも番町で幼児期を送ったとも思われる。

将軍への初お目見えは昌近が早く、正保三年（一六四六）の八歳で、将軍は三代家光であったが、正利は六年遅れの承応元年（一六五二）八月で、年齢は十年遅れの十八歳であった。将軍は四代家綱

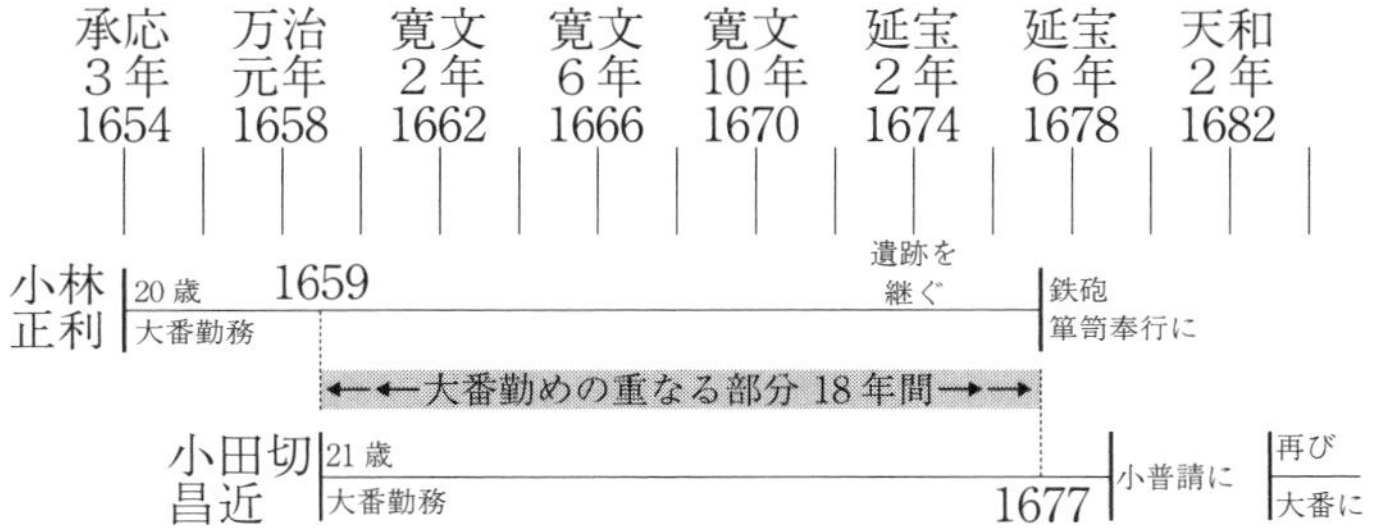


図４　小林正利と小田切昌近（秋山）の大番勤務期間の重なり

に替っていた。

しかし大番の勤め始めはほとんど一緒の年齢で、正利が二十歳、昌近が二十一歳である。時期でいうと、正利が五年早くて承応三年（一六五四）七月、昌近は万治二年（一六五九）七月からであった。昌近の場合、前述のように大番を一度辞め、その後復帰している。正利は鉄砲箪笥奉行になって大番を辞めている。昌近が最初に大番を勤めた年月は延宝七年（一六七九）六月、四十一歳までの二十年間、正利は延宝五年（一六七七）十一月、四十三歳までの二十三年間である。二人とも年齢も期間もほとんど同じといえる。大番勤務が重なった期間は万治二年（一六五九）から延宝五年となり、十八年間の長期であった（図4参照）。この長い大番勤務時代が、二人が友達となる大きな接点であろう。

しかも大番時代の住居は、小林正利が千代田区九段南二・三丁目、一番町、三番町あたり、小田切昌近の屋敷は千代田区一・二・四・六番町あたりというから、もしお互い今の一番町あたりに住んでいたのであれば、それこそごくごく近所である。大番のどこの組に属したかは、両者とも史料は見つからない。もしかしたら正利と昌近は同じ組だった可能性もある。『御家人分限帳』は両人の息子たちの時代のものであり、二人の息子は組が異なっていたことがわかる。[17]『江戸幕府旗本人名事典』に大番組の記載はあるが、時代がずっと後のことである。

それぞれの父親が亡くなったのは、正利は四十歳のときの延宝二年（一六七四）四月、昌近は四十七歳のときの貞享二年（一六八五）九月であった。

幼いころから近くに住み、近い年齢のものが長期に同じ役目で働いておれば、友だち・同僚としての仲は非常に固くなると思われる。『桝井山正八幡宮伝紀』の記述からそういった信頼関係があったことがうかがえる。

その後、史料上は松連寺開山まで二人の接点は見つからないが、昌近の息子昌雄の妻が小林一族のものであることは、その後の付き合いとも関係するのであろう。

# 第四章　光鑑元如の師たち

桝井山松連寺開基側の小林家とその友小田切家の概要を紹介してきた。この章では開山側の僧が松連寺へ招かれるまでの概要を記述する。黄檗宗はこの時代、日本ではまだ新しい禅宗であった。桝井山松連寺開山僧の光鑑元如の修行時代は、日本黄檗宗の始まりから日が浅く、新鮮さと活気と気鋭が続いている時代である。したがってまず黄檗宗の日本到来時から簡単に記してその活気をみてみよう。

## 1　隠元隆琦による日本黄檗宗草創の概要

### 中国僧隠元隆琦の渡来を要請

以前から長崎に渡来していた中国大陸明《みん》時代の福建省の人たちが元和六年（一六二〇）、航海安全を祈願して、そして江戸幕府に対して自分たちはキリスト教徒でないことを示すためもあって（『日本名刹大事典』）、長崎寺町に小さな庵を建てた。三年後の元和九年（一六二三）、明江西省の中国禅僧真円《しんえん》が海の守護神「媽祖《まそ》」も祀って開創、中国禅僧黙子《もくす》如定《にょじょう》開山により庵は東明山《とうみょうざん》興福寺となった。将軍が秀忠から三代家光に替った年である。真円は寛永十二年（一六三五）までの十二年間住持

写真４　隠元隆琦像　長崎市・興福寺

を勧め、黙子如定は二代を継いだ。さらに十年後、三代になったのが逸然性融《いつねんしょうゆう》である。逸然は浙《せっ》江省《こうしょう》の薬種商出身で、寛永十八年（一六四一）に来日、正保元年（一六四四）、黙子如定に帰依して出家し、翌二年黙子のあとを継いだ（『黄檗文化人名辞典』）。なおこのころには興福寺、寛永五年（一六二七）創建の分紫山福済寺、寛永六年（一六二八）創建の聖寿山崇福寺の長崎三福寺といわれる代表的な寺ができている。

長崎興福寺の逸然は、住持になってから、ここでの禅宗はもはや古くなったと思い、本国の新しい禅宗のもとで精進したいと願った。最初の庵建設からおよそ三十年経っていた。承応元年（一六五二）四月、福建省黄檗山《おうばくさん》の僧隠元隆琦《いんげんりゅうき》[18]に日本への渡航を請う手紙を書いた。しかし逸然の願いに対しなかなか良い返事は得られず、八月・翌年三月・十一月と、合わせて四回招請の手紙を送った。この熱意に隠元は滞在三年の約束でついに日本への渡航を決心した。

隠元は二十八歳の万暦四十八年（日本暦元和六年・一六二〇）二月、中国黄檗山萬福寺の鑑源に就いて出家し、順治三年（日本暦正保三年・一六四六）からは二度目の黄檗山住持になっていた。それからおよそ十年後、六十三歳のときに逸然からの来日の要請を受けたのである。

## 日本黄檗宗のはじまり

承応三年（一六五四）六月二一日、厦門《アモイ》出航、七月五日長崎着、翌日、興福寺に入った（『隠元』平久保章）。このことは八月一日に長崎奉行からの報告が江戸に届いている（『徳川実紀』）。逸然は住持の地位を隠元に譲った。隠元は早速興福寺を中興開山する。以降は『近世黄檗宗末寺帳集成』から一部転載する。逸然の思いとは異なって、臨済宗妙心寺派の僧の一部では隠元を本山妙心寺住持に招請することを画策したが、これは成就しなかった。そのかわり明暦元年（一六五五）、摂津国富田（大阪府高槻市）の妙心寺派の名刹、慈雲山普門寺《ふもんじ》の住持になってもらう許可が幕府から下り、九月六日普門寺に入った。長崎に残った逸然は再び興福寺の住持となった。

このようにして日本の、特に臨済宗妙心寺派の僧たちの働きで、黄檗宗は長崎をはるかに越えて日本全体に広がり始めた。この時期は幕府の仏教統制が厳しくなっていたが、その対比で黄檗宗は以後、かなりの勢いで伸びて行く。これは、日本旧仏教の一部が仏法的に弛緩していたことに対して、黄檗宗は禅宗の本来持つ清潔さ、内容の新しさ、そして戒律がはっきりとしていることに加え、幕府の何らかの思惑とが一致したからと思われる。

　隠元は幕府の厳戒体制のなか外出も許されないでいたが、明暦三年（一六五七）七月になって一定の制限付きで近郊の国への外出が許された。しかしこの年は約束の帰国の期限であったが、日本僧たちの強い働きでこのまま日本にとどまることとなった。さらに彼らは隠元に江戸へ行くことを願い、将軍に謁見して貰うこととなり、万治元年（一六五八）十一月一日、隠元は四代将軍家綱への拝謁を成し遂げた。ここで隠元は江戸深川に関東で初めての黄檗寺、永寿山海福寺[19]を開山した。

　その後、隠元は大老酒井忠勝に帰国したい旨を再び手紙にした。しかしその返書には彼の意思とは反対に、将軍家綱が隠元に京都周辺の土地を与え、一寺を創建したい、と書かれていた。そこで隠元

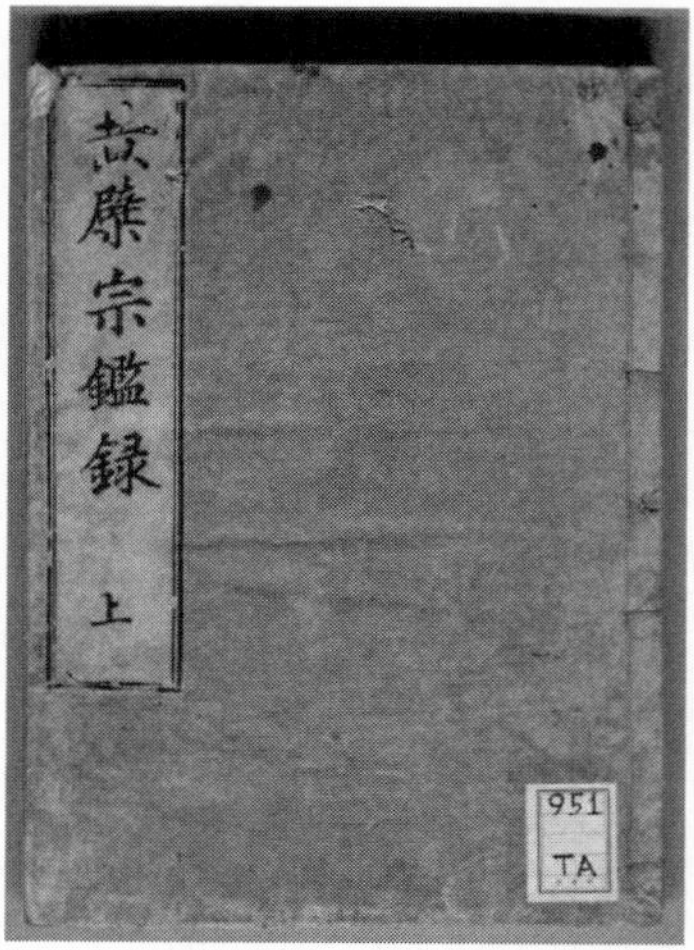


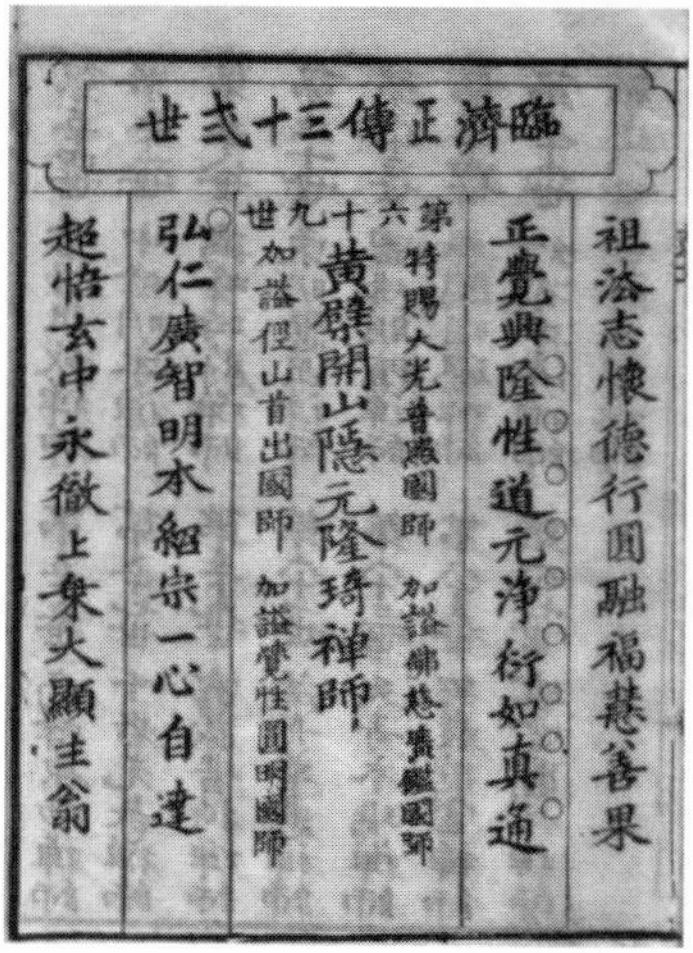


写真５　上:『黄檗宗鑑録』表紙　下:同・隠元隆琦部分　国立国会図書館蔵

はついに日本に留まることを決心した。日本に黄檗宗が根付くことになった瞬間であった。

隠元が長崎に来てからわずか七年後の寛文元年（一六六一）、寺地を得て、黄檗宗の教えを広める許可が得られた。そして諸堂宇の建設が始まった。これが今も黄檗宗大本山としてある山城国宇治郡大和田村（京都府宇治市）を中心とした黄檗山萬福寺である。中国の寺を忘れないように、と出身の中国の寺と同じ名前を付けたといわれる。隠元は寛文元年閏八月二十九日からこの地に住むこととなった。これによりこの日は、日本での黄檗宗成立の日といわれる。黄檗宗ではそれまでの中国のものを古黄檗、日本のそれを新黄檗と称している。

写真６　現在の黄檗山萬福寺三門　延宝６年（1678）建立
京都府宇治市

## 黄檗宗の花が咲き始める

萬福寺の創建が決まったのち、将軍家綱は自ら大檀越となり、ほかに大名や旗本たちも多く帰依することとなった。たとえば、大老酒井忠勝（若狭国小浜十一万三千五〇〇石余）を筆頭に、青木甲斐守重兼（摂津国麻田一万二千石）、大目付黒川丹波守正直（五〇〇石と一三〇〇俵）、丹羽左京大夫光重

（陸奥国二本松一万五千三六〇石余）、本多下野守《しもつけのかみ》忠平（陸奥国白河十万石）、稲葉美濃守正則（小田原八万五千石）などである。のちに宗勢が増すにしたがって、さらに数多くの大名や旗本の寺院中興がなされ、こぞって各自の菩提寺等を創建した。

隠元は来日のとき多くの中国の弟子や職人などを連れてきており、中国の新しい文化・各種の様式をもたらした。またこのころ退廃していた日本の仏教への刺激も大きかった。中国様式の寺院建物や中国様式の仏会、生活への変化などがある。曹洞宗では仏法への黄檗宗の真摯な態度から信徒の旧宗教離れなどを見て、改革を余儀なくされた。曹洞宗から黄檗宗に帰依した僧も多い。また食物なども日本に取り入れるに適したものがあり、黄檗の僧たちはそれを日本に根付くよう積極的に指導も行なっていた。その後さらに新田開発を援助・指導なども行なっている。

隠元は来日してから八十二歳で示寂《じじゃく》した延宝元年（一六七三）まで、日本で二十年近くを送ることになった。そのおかげで日本での宗勢は目を見張るばかりとなる。本山ができてからほぼ八十年後の延享二年（一七四五）には、末寺・孫末寺はおよそ九〇〇寺にまでなったという。黄檗宗ができて五年後の寛文五年（一六六五）七月十一日、[20]寺院に対して家綱朱印状「定」九ヶ条と老中連署「下知状」五ヶ条からなる諸宗寺院法度が幕府から出された。それまでの本山から末寺統制をしようとする政策から一八〇度変わって、末寺や檀家の側に立つようになった。これで末寺も、自分たちから本山を選ぶことが容易となり、檀越も自分で宗派を選ぶことができるようになった。これが新興黄檗宗に有利に働き、宗勢発展という結果になったと思われる。実際は、黄檗宗のために作られた時宜を得た法度ともいえるだろう。それまでの宗教統制であれば、いくら新しい教えを布教してもこれまでに築かれた既成諸宗派教団の信仰に入り込まねばならず、末寺を獲得するには不利であった。

幕府の宗教政策のなかには基本的に寺院の本末制度がある。宗派ごとにそれぞれ本山があり、本山は末寺のことを把握して管理している。黄檗宗の場合も同じである。黄檗宗の寺が増加してくることで、組織も確定していく。本山にいくつかある塔頭《たっちゅう》あるいは子院それぞれが、全国の黄檗寺院それぞれを所管するようになった。

隠元は日本の宗教界に実に大きな種を蒔いたことになる。のちのこの隆盛をあの世からしか見られなかったが、花の咲き始めを見ることはできたと思われる。示寂一日前に後水尾法皇より「大光普照国師」の称号・謚号を贈られた。

蒔かれた多くの種は、さらに萬福寺二代住持木庵性瑫《もくあんしょうとう》によって芽吹き、根を張り、枝を拡げた。そして木庵の弟子たち、特に日本人僧三傑といわれる鉄牛道機《てつぎゅうどうき》、慧極道明《えごくどうみょう》、潮音道海《ちょうおんどうかい》たちの人力を超えたすさまじいばかりの布教活動により葉が繁り、花を咲かせ、実を付けていったのである。

## 2　日本黄檗宗の本山二代住持木庵性瑫および日本人弟子三傑僧

日本黄檗宗の確立に大きく寄与したのは隠元隆琦とその第一弟子中国人僧木庵《もくあん》性瑫《しょうとう》である。特に日本人僧の育成にあたっては木庵性瑫の力が大きかっただろう。木庵も中国福建省出身であり、十九歳のとき出家している。三十四歳で隠元に師事し、順治七年（日本年号慶安三年・一六五〇）春、四十歳で印可を受けた。隠元は来日した翌年、木庵に日本へ来るよう指示し、明暦元年（一六五五）六月二十六日、長崎に着いた。翌日、長崎三福寺のひとつ分紫山福済寺へ入り、住持となった（『黄檗文化人名辞典』）。万治三年（一六六〇）八月二十四日に長崎から隠元のいる摂津国富田の慈雲山普門寺に行くことを幕府から許可された。また隠元が寛文元年（一六六一）閏八月、寺地を得たばかりの宇治黄檗山萬福寺に入るとき、それに従っている。寛文四年（一六六四）九月四日、隠元が退任するに当たって木庵は黄檗山萬福寺二代目住持となり、翌年には将軍家綱に拝謁した。寛文七年（一六六七）五月、将軍家綱から白金二万両とチーク材を寄進され、その翌年、大雄宝殿・齊堂・天王殿が落成した。このように木庵は萬福寺の伽藍建設の初期から完成まですべてを指揮した。寛文十年（一六七〇）四月、紫衣を受け、翌年三度目の江戸行きで、伽藍落成に続いての謝意を示した。このとき竣工した摂津麻田藩青木甲斐守重兼開基の江戸白金紫雲山瑞聖《ずいしょうじ》寺の住持にもなった。

来日して以来、日本黄檗宗の発展を推進する多くの弟子四十七人に法を継いだ。木庵は延宝八年

（一六八〇）一月十五日、慧《え》林《りん》性《しょう》機《き》に三代目の席を譲り、萬福寺塔頭紫雲院に退いた。萬福寺住持を十七年間勤めたことになる。貞享元年（一六八四）正月二十日、七十四歳で示寂した。新しく開山した黄檗宗寺は十余カ所であった。ずっとのちの明治十四年（一八八一）の二〇〇年遠忌にあたり、慧《え》明《みょう》国師《こくし》と諡号された（『黄檗文化人名辞典』）。

『近世黄檗宗末寺帳集成』編著者の解説に書かれたデータを見ると、萬福寺から認められた本山末寺は、延宝時代（一六七三）から安永元年（一七七二）の百年で二〇三ある。そのうち元禄はじめ（一六八八）から享保末（一七三五）ごろまでのわずか四十七年間で実に六十七パーセント、一三七もの黄檗寺が創成された。これには木庵の日本人弟子三傑はじめ初期の弟子たちの働きが非常に大きいといわれる。三傑とは前述のように、鉄牛道機・慧極道明・潮音道海である。この三人は精力的に全国を廻り、大名・旗本・地元の有力者やそれぞれの夫人らを帰依させ、寺院を起すために彼らの信仰と財をもって寺院を開基させ、中興開山した数は非常に多い。大名の中には檀越になるばかりでなく、黄檗宗の僧や住持になる人も出てきた。(22)

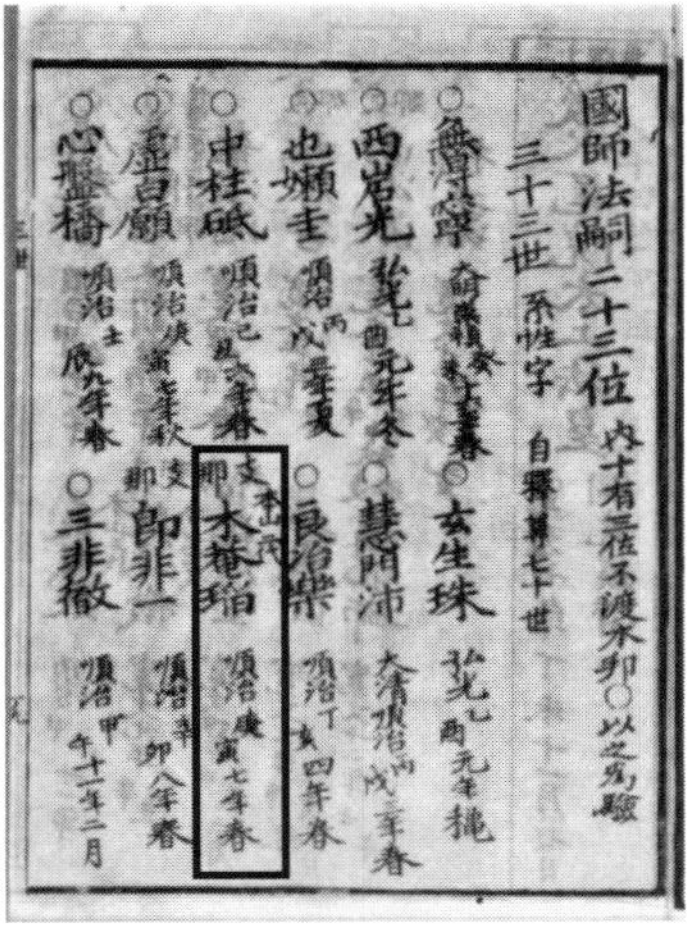

写真７　『黄檗宗鑑録』「木庵（性）瑫」
註釈（21）参照　国立国会図書館蔵

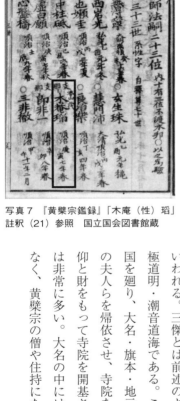

## 3　桝井山松連寺開山僧光鑑元如の師、潮音道海の概要

光鑑元如《こうかんげんにょ》は『桝井山正八幡宮伝紀』では「亀光鑑」と記されている。彼の師は潮音道海《ちょうおんどうかい》である。(23) 潮音は前述のように京都宇治本山黄檗山萬福寺住持二代、中国僧木庵性瑫《もくあんしょうとう》の日本人弟子三傑のひとりである。桝井山松連寺は潮音によって確立された黒瀧《くろたき》派（または潮音派、緑樹派）と呼ばれる一派に関係した寺である。

潮音に関しては、潮音などを対象とした研究で多くの論文・著述等を成した正満英利氏のものを参考にして紹介する。特にわかりやすくまとめ、エピソードなどまで書かれている『緑樹』は潮音を知る絶好の書である。以下、『緑樹』に加えて『黒滝潮音和尚の年譜』『黄檗文化人名辞典』なども参考にして叙述する。史料の少ない光鑑であるが、僧になるべく育った黒瀧派本山不動寺の成り立ちや光鑑の頭の奥にある思想等を推量するには師潮音の事を知っておくのは必要だろうと思われ、さらに日本黄檗宗の大発展の歴史を示すことにもなるため、いくらか長くなるが紹介する。

### 潮音道海と黄檗宗との出会い

潮音は寛永五年（一六二八）十一月十日、肥前国小城郡《おぎぐん》三日月（佐賀県小城市）で生まれた。九歳になって近くにあった慈雲寺泰雲和尚のもとで読み書きを習い始め、十三歳で出家した。利発で群を抜

いて頭角を現したという。十七歳頃から諸国の良師を求めて修行の旅に出かけるようになった。承応三年（一六五四）二十七歳のとき、隠元隆琦《いんげんりゅうき》が長崎興福寺に入ったことを修行中の滋賀永源寺で聞き、興福寺へ赴いたが、このとき参禅は叶わなかった。日本は鎖国中で、はじめて来た外国人と日本人との接触は簡単に出来ない時代であった。しかしこの年の十月、開堂を祝う隠元の座禅会が許され、日本人の参禅も許された。これに潮音も加わり、隠元と会話も出来たが、潮音はこのときまだ隠元のことをよく知らず、また言語も異なるために、不遜にも隠元を高く評価することができなかった。

万治三年（一六六〇）の冬、三十三歳で初めて一寺の住持となった。再興された美濃の萬亀山臨川寺である。これ以後、多くの寺を再興したり、創建したりしていくが、のちに、すべて黄檗宗の寺としている。

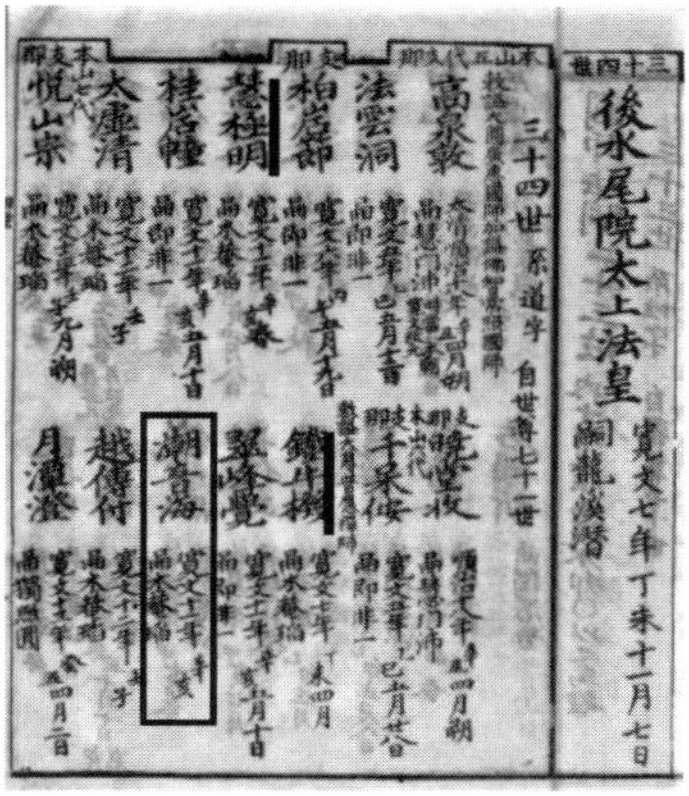
写真８　『黄檗宗鑑録』「潮音（道）海」同じ個所に三傑名「慧極（道）明」「鉄牛（道）機」註釈（24）参照

寛文元年（一六六一）秋に、隠元の新しい寺、まだ堂塔などの建設を開始したばかりの黄檗山萬福寺への参堂を望んだ。七年前の坐禅会でのことで悶着はあったが、知己となった僧の取りなしがあり、門徒となることができた。そしてその冬、首座の木庵の弟子となることができ、ここから今に伝わる黄檗僧潮音の活躍が始まる。寛文三年（一六六三）春、隠元から戒名

「潮音道海」を得た。その性格の激しさと、めざましい働きと、戒律で自らを律する意思の強さから隠元が、中国の断崖に建つ霊場、普陀山観音洞に打ち寄せ、果てしなく続く波のとどろきと響きに思いを馳せて命名したという。忙しい仕事を手違いなくさばき、その間に若い修行僧のために書を編さんしたり、まさに八面六臂の活躍をして、木庵門下の三傑と称された。

## 徳川綱吉、館林城内に一寺を創建

翌年の寛文四年（一六六四）九月に隠元は引退し、そのあとを木庵に譲った。翌年、木庵は将軍家綱に黄檗山住持への就任挨拶のため江戸に下向した。潮音はこれに随行し、その間、江戸で大名諸侯やその家臣、旗本らに黄檗の教えを説いてまわった。これを聞いた多くの諸子にはのちのち黄檗の庵や、さらには大寺院を創建・再建・中興する者が続いた。仏への深い愛と、頭の良さによる歯切れの良い話し方とが多くの門徒に受け入れられていく。潮音は一般の人々への布教も重要なことと考えていたものと思われる。

館林城主徳川綱吉の家老黒田信濃守用綱と小姓組池田七兵衛長勝は早くから黄檗宗に帰依した。彼らは池田別邸内に大慈庵と名付けた庵を建て、木庵自筆の扁額を掲げた。そして潮音を招き、黄檗禅の指導を依頼した。そこに参禅する道俗は日ごとに増え、その中に潮音の新しい未来を導く人たちがいた。そのひとつは、下野国の郷士須田七郎兵衛政本や武蔵国四方寺村村長吉田六左衛門宗信らが、荒れ果てた上野国新福寺村（群馬県邑楽郡千代田町）の名刹眞福山寶林寺《しんぷくざんほうりんじ》の復興を願い、潮音を住持に招いたことである。すると近くの館林藩の城代家老金田遠江守正勝と家老本多甚左衛門が、潮音の法話を聞きたいと迎えをよこした。二十日にわたり説教すると多くの家臣が帰依したという。城代家老金田、家老黒田ら重役たちは城主徳川綱吉に事の次第を話し、館林に一寺を建立したいと伺いを立てた。潮音の噂を聞いていた綱吉は快諾し、二十四年前に下総国佐倉へ移った前藩主大給《おぎゅう》松平家の菩提寺龍岩寺跡に萬徳山広済寺伽藍を建立した。境内地九〇〇〇坪あったという。寛文九年（一六六九）であった。木庵を（勧請）開山僧に奉り、潮音は二代目住持として勤めた[25]。翌年、潮音は広済寺に、開祖とした木庵寿像を安置した。

写真９　潮音道海頂相　群馬県邑楽郡千代田町・眞福山寶林寺蔵　指定重要文化財

潮音は寛文十二年（一六七二）八月、木庵から印可を受けた。

広済寺開山から十一年目の延宝八年（一六八〇）、綱吉は五代将軍になったため、館林城主を息子徳松に継がせた。しかしわずか三年後の天和三年（一六八三）、徳松は五歳で急死した。すると綱吉は館林城を壊し、廃城とした。これにより浪人もたくさん生じた。この一方的な処置に対し、これまで官寺の形式的、不自由さなどが、気性の激しい潮音に嫌気を起こさせていたが、この処置により、広済寺住持の引退を決心させた。当時の寺院法度に、寛永以降に建てた新しい寺は、無住になれば取り払うという決まりがあった。これにより広済寺も取り壊されてしまった。

潮音が引退を決意するもうひとつの事柄があった。前年に五十日の謹慎処分を受けた、いわゆる「大成経偽書事件」である。これは、天照大神の本宮についての一般的な解釈と異なる説を本にしたことにより、伊勢の神官たちから幕府に訴えられ、結果、「無届け出版の科」を蒙っての処分であった。将軍綱吉との、また将軍の母桂昌院との強い繋がりがあったため、軽い刑、五十日謹慎で済んだという。ちなみに、先に松連寺中興開山のところに記した『海録』の別の個所に、この「大成経」という項目（巻十七　二十四）があり、潮音を非難している。これは、世間一般的な反応と思える。(26)しかし、この大成経を深く勉強したことによって、潮音の神道に対する理解は非常に深くなった。これが光鑑にも引き継がれているようである。

## 黒瀧山不動寺へ

潮音は広済寺を退任するとすぐの天和三年（一六八三）八月三日、同じく上野《こうずけ》の黒瀧山《くろたきさん》不動寺に居住し、官寺を離れて、すがすがしい境地に入ることとなった。ここは十年ほど前の延宝三年（一六七五）に潮音によって中興開山されていた。それは、賓林寺以来の熱心な帰依者たちに誘われて、上野国一之宮（群馬県富岡市・貫前《ぬきさき》神社）あたりで法座を開いていたことがきっかけとなった。不動寺で修行をしていた僧がその法座にきたとき、潮音に問答をしかけられて屈服させられてしまった。するとその僧は法名を高源と改め、潮音の弟子になった。彼はその後、潮音を黒滝山に招き、説法などの場を開いていた。その場所が非常に狭かったため、この地の有力者、市川半兵衛・白石六郎左衛門・小柏八郎右衛門とその妻妙高が開基となって黒滝山を寄進し、中興開山することとなったのである。

これまで潮音が開いてきたお寺には隠元隆琦や木庵性瑫に開山の栄誉を奉ってきたが、この不動寺は、まさに自分の名での開山であることを非常に喜んだという。その後しばらく不動寺には監寺として高源元泉を置いていた。潮音はそこへ新しく居を移したのである。不動寺に来てから十年後の元禄

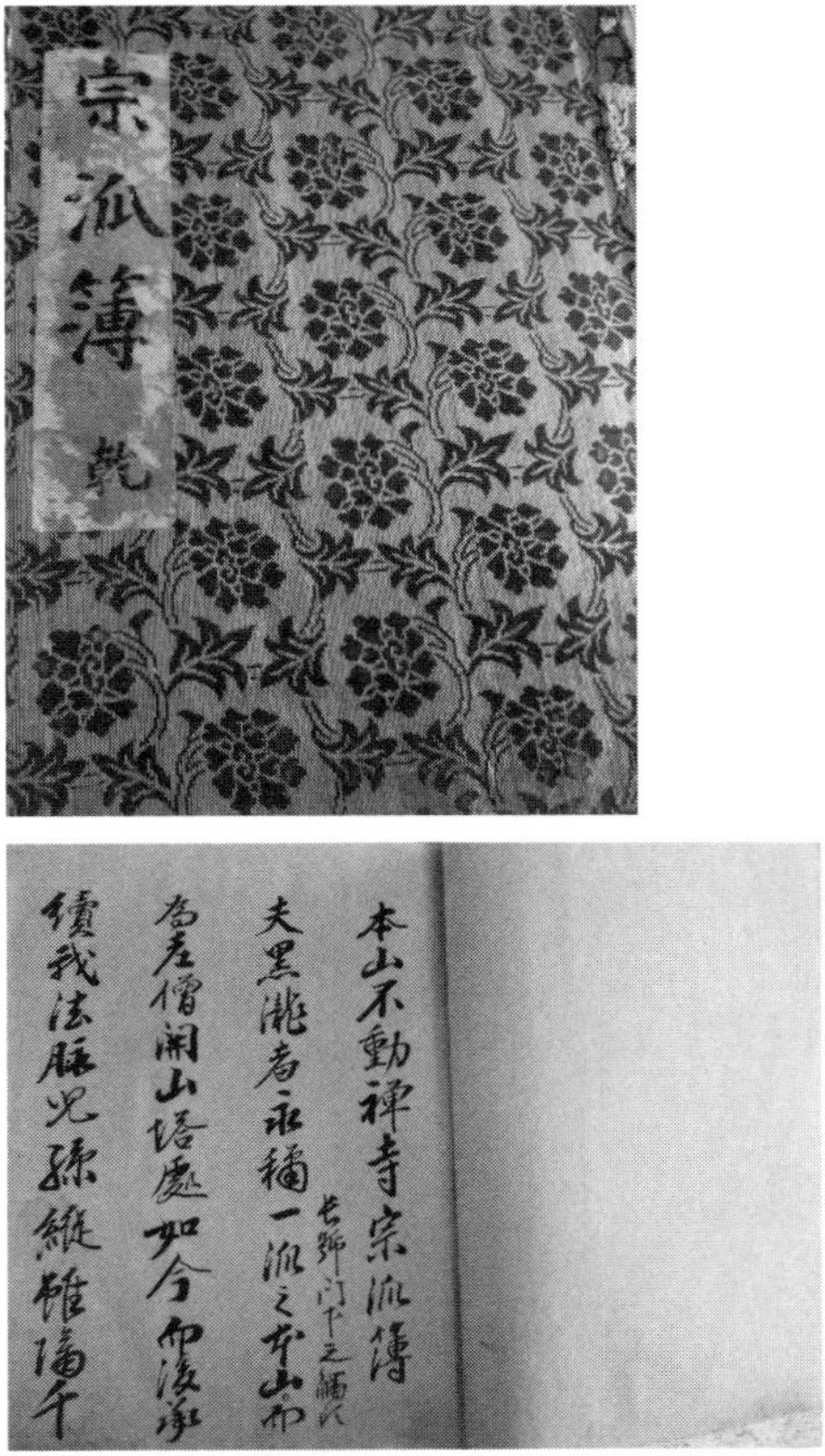


写真10　上：『黒瀧宗派簿』　下：『黒瀧宗派簿』規律の最初頁　群馬県甘楽郡南牧村・黒瀧山不動寺蔵

六年（一六九三）一月、不動寺の末寺・末庵の二〇〇ヶ所を統合して、黒瀧門派を結成した。潮音たちの派として黄檗宗の中の潮音派とか緑樹派とか黒瀧派とか呼ばれるようになった。弟子たちも加わって宗勢は著しくなり、加速されることとなった。そして不動寺は、その派の本山とされた。『黒瀧宗派簿』も作成した。その冒頭に、

夫れ、黒瀧を永く一派の本山と称する。しかして老僧（潮音道海）が開山の塔処為り。今より以後、我が法脈を承続する法孫は、たとえ千万里隔たると雖も、必ず此の山に登り開山堂に参堂して、各々巡寮し、……

と、規律をつくり、名簿の最初に潮音第一の弟子鳳山元瑞《ほうざんげんずい》の筆により記載している。これに従って光鑑も、百草村に来てからおそらく何度か黒瀧山不動寺を訪れていると思われる。

## 潮音道海、不動寺晋山から示寂まで

黒瀧山不動寺は現在、交通の便がほとんどない日本一過疎の村、日本一高い高齢化率の村と知られる群馬県甘楽郡南牧村《かんらぐんなんもくむら》にある。江戸時代でもある程度ひなびたところであった。周りは山ばかりで、不動寺自体、崖の真ん中を一部平らにした狭い場所に建っている。西から来るとしても信濃との境、つづら折りの難所、田口峠等を登ってこなければならない。

潮音が不動寺に移った翌年の天和四年(27)（一六八四）の一月、師木庵が示寂《じじゃく》した。先の事件で謹慎

処分を受けていたことから不動寺で三年間禁足を誓った潮音であったが、尊敬し慕ってきた師の葬儀に行かないことは禁足を破ることよりも重罪であると考え、宇治の本山に赴いた。葬儀が済んでからも三月十日の七七忌まで木庵の塔頭紫雲院で喪に服した。その帰り道、各所の寺院を開山、再興し、仏像、神像などを造って、各寺院に祀らせた。

不動寺に戻ってから、黒瀧山やその他の寺院に、山の鎮守として六社明神（三輪・出雲・鹿島・熱田・住吉・伊勢）を勧請した。黒瀧派は特に、神道をとりわけ大事にしている。これは光鑑にも確実に引き継がれていることと思われる。

黄檗宗宇治本山萬福寺の住持も四代目頃になってくると、宗門全体にいくらか乱れが生じてきたようである。潮音は本山にそれを禁断すべきと主張したが、取り上げられなかったという。そこで黒瀧派だけでも厳しくしようと「黒瀧一派禁約」を作って、門下に指示した。この精神も光鑑に確実に引き継がれた。

元禄八年（一六九五）二月、黄檗山萬福寺で隠元隆琦祖師の二十三回忌法要と後水尾《ごみずのお》法皇からの諡号「大光普照国師」の披露が行われるため、潮音は多くの門弟に見送られ、数名の僧を伴って宇治への旅に出発した。途中、各地の黒瀧派の寺院・庵を訪ね、仏像の開眼供養なども行ないながら、伊勢三宮のお参りにも向かった。そして京から宇治に入った。四月三日、法要を済ませてからも請われるままに摂津・近江などの寺院の開山・晋山などを行なっている。帰途の六月、潮音が最初に住持に

写真11　潮音道海木造寿像　延宝３年（1675）作。嘉永５年春の火災時に急きょ避難したための損傷が大きい　黒瀧山不動寺蔵

なった美濃の萬亀山臨川寺に寄り、しばらく滞在した。方丈の改築工事を見守り、手伝いながら八月十日を迎えた。基礎工事の終了で地鎮の経を念じたあとの夕方、以前からの病を発症し、各地の一門の弟子たちが駆けつける状況となった。八月二十四日朝、遷化。六十八歳。十三歳で仏法に入って五十五年であった。

……道俗数千万人、父母を喪すが如く哀声は巷に満つ、……（『潮音和尚末後事実』）

……葬に趨えば、道俗数千万人香華を持して哀慟哭泣して父母を喪す如し。……（『黒滝潮音和尚の年譜』）

というなかで火葬された。遺骨の半分を萬亀山臨川寺に納め、半分を鳳山に抱かれて旅をし、十月十三日、黒瀧山不動寺の、以前から作られていた寿塔に葬られた。

潮音の軌跡・業績を短い言葉で表わせば、

開山（した寺院は）二十余か所、その支院・末庵（末寺）に至っては枚挙にいとまあらず、語録四十二巻、注解雑述十余部、指月余話八巻、嗣法の門人、道林の秀（道林幸秀・潮音最初の弟子・

美濃国加茂郡大慈山小松寺に残る名）等六十三人、受法の尼僧官士庶若干人、受戒の道俗十余万人（『黒滝潮音和尚の年譜』）（かっこ内は筆者注）

であった。このように潮音は傑僧である。ここで修行した光鑑は、その全部を引き継ぎながら大成していったであろう。

# 第五章　桝井山松連寺晋山までの光鑑元如

武蔵国多摩郡百草村に桝井山松連寺を開山したのは光鑑元如《こうかんげんにょ》である。彼が上野国甘楽郡本牧村の黄檗宗黒瀧派本山黒瀧山不動寺で師匠潮音道海《ちょうおんどうかい》のもとで修行し、百草村松連寺へ来るまでのことで判明した事柄などを紹介する。光鑑が不動寺へ入門した年齢なども推定してみた。

## 1　光鑑元如の誕生から嗣法まで

現在のところ、光鑑元如の嗣法《しほう》以前を伝える史料は見つけられていない。どこから、どうして、いつ、この黒瀧山へ修行に来たのか、歳はいくつなのか、出家はいつなのか、どのような修行をしたのか、等々、推測するしかない。松連寺開山のところで示した『桝井山正八幡宮伝紀』の文章の内容、文字、戒名などからは、優秀な僧であることはうかがえる。だいいちそうでなければ、厳しい師潮音道海から印可を受けることもなかっただろう。後にこの潮音派本山不動寺の住持にもなっていることからも頷ける。

以下、他の弟子たちのことから光鑑のいくらかを推定した。

写真 12　黒瀧山不動寺　明治 34 年（1901）時の絵。『緑樹』から

写真 13　上：黒瀧山不動寺山門　下：山門を抜けて不動堂へ

時間的、場所的からみて光鑑はおそらく潮音の師木庵性瑫や祖師隠元隆琦を直接は知らないであろう。後のことになるが、光鑑は嗣法後三十四年間、複数の寺の住持を経験していることがわかった。一般的なこの時期の僧の年齢から推定すれば、示寂の時の年齢は六十から七十歳ぐらいと考えられる。示寂が享保十四年（一七二九）であるから、印可を受けたのは二十六から三十六歳頃となる。木庵や潮音は、印可を受け

たのは四十代の初めである。潮音が末期《まつご》の旅と思った元禄八年（一六九五）の正月に嗣法しているので、もしかしたら早められたことも考えられる。したがって三十六歳ぐらいではないかと考えた。すると示寂したのは七十歳ぐらいとなる。推定の推定であるから根拠は非常に乏しいが、生まれは万治三年（一六六〇）前後あたりになる（推定一）。隠元が宇治の地を与えられた時期、潮音がはじめて臨川寺の住持となった時期、あるいは将来親交を結ぶ小田切昌近が二十歳代のはじめ、大番になった頃である。小林正利や小田切昌近より二十歳くらい若いと推定できる。

もうひとつの事柄から推定してみる。元禄八年に潮音から同時期に嗣法した観宗元通《かんしゅうげんつう》は、上野国北甘楽郡青倉村（群馬県甘楽郡下仁田町）の羽黒山神宮寺跡の石碑裏面に、

　維時享保丙辰之暦三月中旬大吉祥日

　黒瀧派下羽黒之住僧臨済正傳三十五世観宗元通七十一歳手書

と書いている。光鑑と年齢が同じと仮定すれば、享保丙辰《ひのえたつ》、すなわち享保二十一年(28)（一七三六）に七十一歳である。このことから誕生は寛文六年（一六六六）となる（推定二）。潮音が眞福山寶林寺を開山したころである。桝井山松連寺を開山したのは、開基の小林正利より三十歳ほど若く、光鑑は三十歳をいくつか過ぎた頃となる。

光鑑が不動寺にきて、修行に入ったのは二十歳前であろうか。師潮音が五十代頃で、厳しくもあり、慈愛が深まる頃であろうか。潮音が不動寺にきてまだ少ししか経っていない頃であろうか。した

がって光鑑のほぼ全精神は上野国の深い山の中、黒瀧山不動寺で培ったものであろう。これらは推定であるが、この頃の僧で寺の住持になる者のかなり一般的な時間的な経過と思われる。

## 2　光鑑元如、嗣法時の詳細

日本に黄檗宗をもたらした隠元隆琦、日本黄檗宗を日本人弟子たちの育成等を含めて確立した木庵性瑫、さらに日本人僧としてさらなる日本人僧の育成と多くの黄檗寺を開山した潮音道海らに比べれば、潮音の直弟子にもかかわらず光鑑元如の名はほとんど知られていない。

『桝井山正八幡宮伝紀』以外で、黄檗宗関連の史料から光鑑について最初に見られるのは、光鑑が上野国甘楽郡南牧村にある黒瀧派（潮音派・緑樹派）本山黒瀧山不動寺において元禄八年（一六九五）正月十五日、潮音から法を継いだ、すなわち嗣法したことである（『黄檗宗鑑録』『黄檗文化人名辞典』[29]『黒瀧宗派簿』）。

潮音から嗣法した僧は、前述のように全部で六十三名、光鑑はそのうちの最後の五人のひとりである。潮音最初の弟子道林幸秀の嗣法日は寛文十三年（一六七三）[30]七月であるから、それより二十二年後のこととなる。はじめ光鑑亀（光鑑元亀）と称していたが、のち光鑑如（光鑑元如）と改めた（『黒

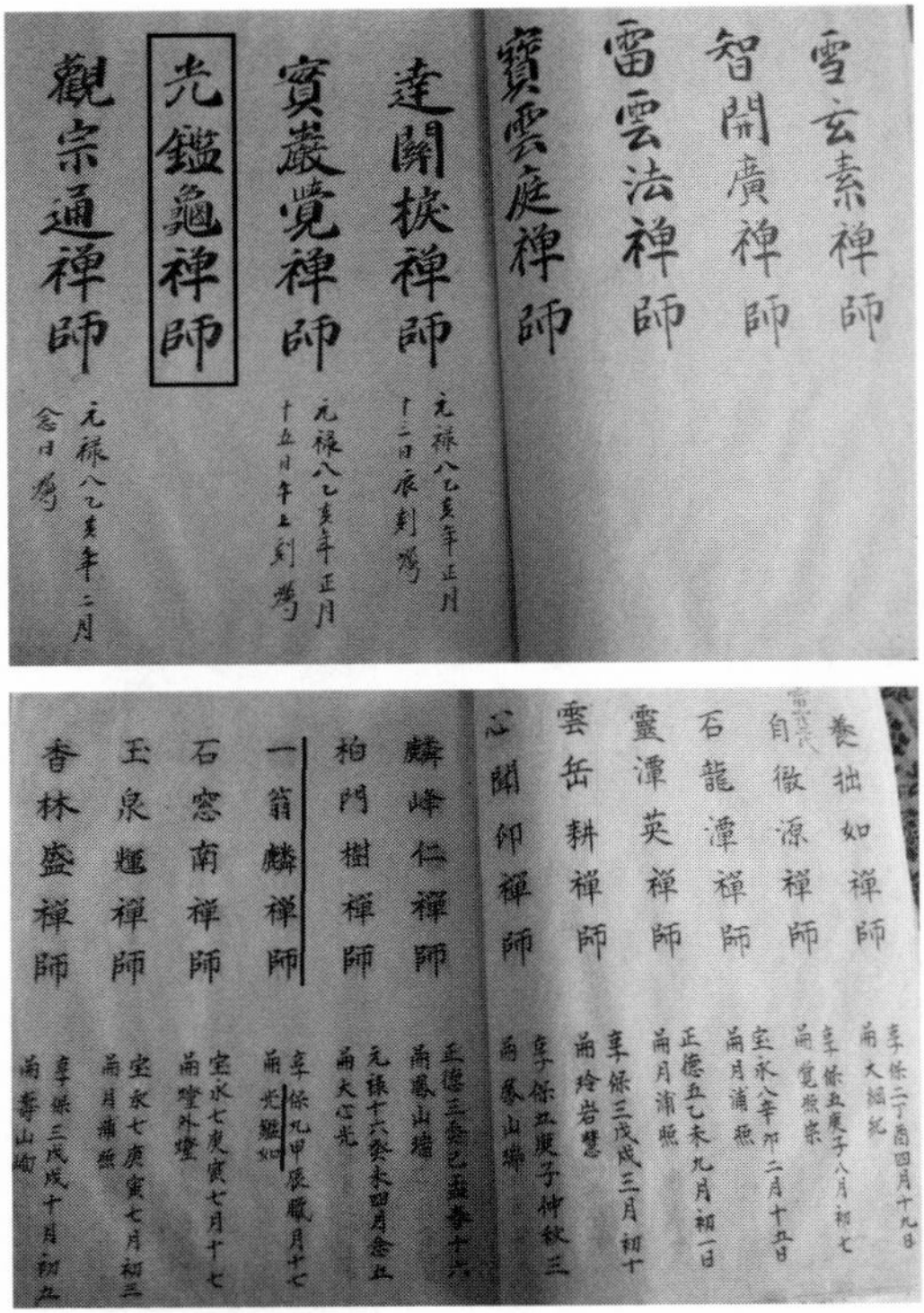

写真14　上：『黒瀧宗派簿』「光鑑（元）龜禅師」　下：「光鑑（元）如」弟子「一翁（浄）麟禅師」

瀧宗派簿』）。写真14上には、師潮音から法を継いだときには「光鑑亀禅師」となっていることがわかる。それに対し写真14下の「一翁麟禅師」のところの下部を見るとその師が「光鑑如」となっていることが読み取れる。時間的に考えるとおそらく松連寺にいたころはずっと光鑑亀、あるいは亀光鑑と称しており、その後、弟子に嗣法したころは光鑑如と称していたと思われる。本山の『黄檗宗鑑録』への名前の収載は時間的にもう少しあとになるので写真15のように「光鑑如」となっている。本著では光鑑元如あるいは光鑑と記していく。光鑑亀は自分の通称として使っていたといわれることもあるが、筆者は両方とも正式名であるが、ある時期に名を変えたと考えた。通称として勝手に使っている名を名簿に載せるようなことはないであろう。
　光鑑の戒名は筆者の推定であるが、「亀鑑《きかん》」という言葉の文字を戒名に入れていることから、頭が切れ、光が放つような鑑、すなわち手本となり得る人、めでたい、祝されるべき僧という潮音の見立てから名付けられたのではないだろうか。後に「亀」をはずした名に変えたのは、謙遜したのかと筆者は想像した。

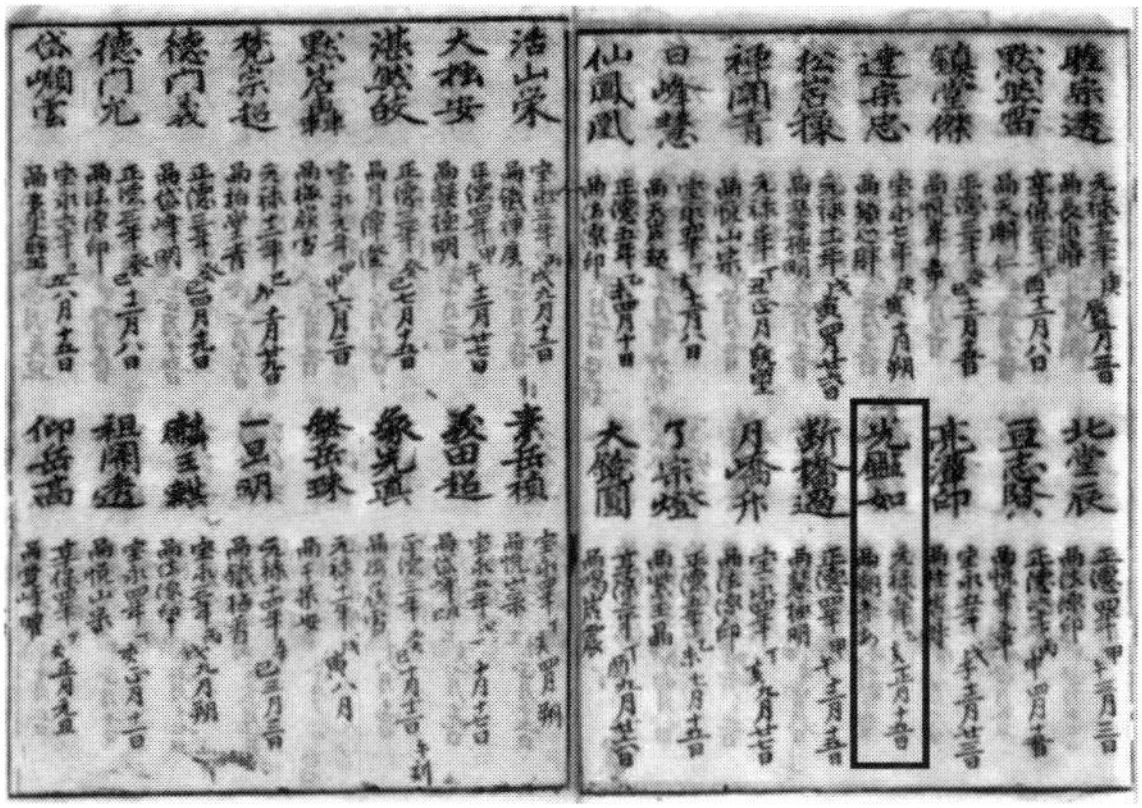

写真15　『黄檗宗鑑録』「光鑑（元）如」

　元禄八年（一六九五）正月に光鑑の師潮音は、前年冬からの身体の異常と衰えを引きずっていた。しかし前述のようにこの年は、祖師隠元隆琦の二十三回忌法要と「大光普照国師」の諡号を法皇からいただいたお祝いを宇治の本山で執り行ない、社会に喧伝しようという年であった。潮音や各地にいる彼の弟子たちも招待されていた。潮音はどうしてもこれに出席したいが、おそらくもう不動寺に帰ることはないだろう、末期の旅になるだろうと覚悟していた。正月十五日前後、すでに印可の資格を持っていた弟子五人にそれを与えた。[31] この五人の中に光鑑がいたのである（『黒瀧潮音和尚の年譜』）。これまでに潮音は一度に五人に印可を与えたことはない。このことからもこの旅への覚悟がうかがえる。潮音はこの年の八月二十四日辰の刻に、黄檗山萬福寺から帰旅の途中、美濃の萬亀山臨川寺で寂した。

師が弟子に印可を与えるときや頂相《ちんそう》を授けるときには「偈」も同時に付ける。「偈」とは、本来は教理や仏を詩句の形でほめ讃えるものであるが、のちになって一般に、与えられる者に対して賛を述べたり、書にしたためたりするようになった。潮音が光鑑に対して与えた偈は不明であるが、五人のうちで二日前に嗣法した達関元棙《たっかんげんれい》のものが残っている。[32] 光鑑への偈の内容を類推するのに、達関への偈はいくらかは参考になるのではないだろうか。

分付偈伝　（分付の偈に伝う）
改律入禅已八年　（律を改め禅に入り已に八年）
祖関通達脱迷纏　（祖関通達し迷纏を脱す）
如今分付空王印　（如今　分かち付す空王の印）
万処正須度有縁　（万処　正に須べからく有縁を度すべし）
元禄乙亥年孟春十三日　（元禄八年乙亥年一月十三日）

（かっこ内は『緑樹』にある読み下し）

達関はおそらく光鑑と異なり律（宗）から転宗し、禅に入って八年修行して迷いから脱したのであろう。そこで黄檗の法を継ぐまでになったのであろう。通常は幼少期や青年期に修行に入った者は、嗣法までに二十年前後かかると思われる。

師から印可を受けると「顕法」といって、その嗣法が公に認められるよう本山での承認を受けねばならない。光鑑はもちろんこれを成し遂げている。ということは上野国黒瀧山から宇治までの旅をした、そしておそらく行き帰りの途中に各所を訪れ、見聞も広めたことであろう。

この嗣法のときから武蔵国百草村に来るまでの彼の居所や行状も不明である。他の弟子の場合は、師潮音から印可を受けてからも師は活動しているため、師の年譜や行状記などに少なからず弟子のことも筆記されている。特に新規に中興した寺があれば、誰がどうしたとその中に記載される事例は多い。しかし光鑑の場合は、印可を受けてから師は旅に出てしまい、そして生きて帰ってこなかったからであろう、それ以後のことはそれらに書かれていない。潮音が黄檗山に行くため、光鑑も顕法のために同道したとも考えられる。しかし、ほぼ同時に印可を受けた五人のうち二人は同行したことが書かれているが、残念ながら光鑑についてはその記述がない。潮音の第一弟子の鳳山元瑞が黒瀧山不動寺の第二代になっているため、彼の記録にはあったかもしれないが、知られている著書や語録に該当するようなものはなさそうである。

顕法後のことを想像すれば、光鑑はおそらく黒瀧山にもどって、さらなる修行をしたと思われる。元禄八年（一六九五）に師潮音が示寂し、不動寺の二代住持に潮音の筆頭といわれた弟子、鳳山が就任している。光鑑が松連寺に来るまでのおよそ五年間を不動寺で過ごしたとすれば、その間に兄弟子たち、すなわち元禄八年八月から元禄十年（一六九七）九月までの不動寺二代鳳山元瑞、元禄十年九月から元禄十三年（一七〇〇）までの不動寺三代碧湖元達《へきこげんたつ》（『緑樹』）のもとでさらに修行したと思われる。(33)そして松連寺からの誘いが来ることになる。

ちなみに潮音以降の不動寺住持の四人、鳳山元瑞・碧湖元達・覚照元宗《かくしょうげんしゅう》・玉堂元珍《ぎょくどうげんちん》は、潮音弟子四天王ともいわれた。

## 3　光鑑元如と旗本小田切昌近（号秋山）との接点の考察

『寛政重修諸家譜』や一般の黄檗関係の書物を調べていても、光鑑元如と小田切昌近との関係は見いだせない。各寺の記録は、廃寺や焼失のために、ほとんどは失われている。今後は、特に黒瀧派本山であった不動寺から新しい史料が出て来ることを期待したい。

ふたりの接点としてまず考えつくのは、黄檗宗、特に黒瀧派（潮音派）の僧たちとの繋がりであろう。光鑑と昌近が直接知り合ったとも考えられる。また師の潮音道海は徳川将軍家との関係が直接あるが、それとお目見え以上旗本大番との接点があるかどうか、さらに昌近が罪を得て預けられた大名や家臣と黄檗との関係はないのか。小田切祖先の地、信濃国佐久と上野国黒滝山との距離的な近さと信濃に潮音派の寺が多いこと、小林正利と違って昌近は苦い人生を送ったように思え、宗教人黄檗僧とのその点から知り合ったかなど、多々接点として考えられる。今後の課題ではある。以下、それぞれの可能性を追ってみる。

## 黄檗宗黒瀧派僧と小田切昌近との接点は？

光鑑が桝井山松連寺を開山した元禄十三年（一七〇〇）以前で、昌近と黄檗僧との接点はまったく不明である。したがって周りの各種事実から考察・推定してみた。

一番に想定したのは、昌近を預かった出羽国村山郡上山《かみのやま》城主土岐家のことである。土岐家の先代は、紫衣事件で流罪になった臨済宗の沢庵和尚を丁重に預かり、さらに沢庵に帰依までした。その影響か、善政を行ったことで知られる。このようなことから他の禅僧をも丁重に応対する許容のある城主ではなかったかと思われる。この上山城から十キロから二十キロメートルぐらいしか離れていない同じ村山郡の内に黒瀧派の僧、潮音の弟子石門元通《せきもんげんつう》が実質的に開山した寺が多くある。石門が現寒河《さが》江《え》の東昌庵に来たのは天和二年（一六八二）である。そこを拡げて大伽藍にして寺院に昇格したのが慧日山《えにちさん》梅龍寺である。まさにそのころ昌近は、上山城主土岐家に預けられたのである。石門が土岐家を訪れたであろうことはこれまでの布教の方法から見てかなりあり得ることである。そのとき土岐城主は昌近にも石門の法話を聞かせてくれたかもしれない。そして石門との交流が始まったのではないだろうか。百草村小林正利の寺建立の希望を聞いて、石門に松連寺に行くことのできる僧はだれかいないかと尋ねたときに、黒瀧派本山不動寺に問い合わせて光鑑が紹介された、というのがこの推測である。

光鑑が嗣法した元禄八年（一六九五）からの五年間、先述では、不動寺にいたと推測した。この五年間に不動寺の住持だったのは、二代の鳳山元瑞と三代碧湖元達である。それまでに二人ともそれぞれ精力的に活動しており、多くの帰依者や外護者との交わりも多い。鳳山は美濃国出身で、潮音道海が美濃小松寺で説法しているころに潮音と知り合った。以後、第一の弟子として、特に陸奥地方を中心として活動した。昌近と接点があるとしたら、やはり昌近が出羽土岐上山藩預かりのときであろう。ここは仙台伊達藩の隣であり、鳳山の開山した寺や関係する寺が多い。特に天和三年（一六八三）に伊達綱村から請われて宮城郡利府霊獄山龍蔵寺を実質的に開山している(34)。石門の関係する寺よりいくらか遠方であるが、前述と同様の接点が生じることもあると思われる。

もうひとつ第三の推定は、昌近の菩提寺が今の新宿区河田の月桂寺で、後述する光鑑の兄弟子天《てん》柱《ちゅう》元《げん》礎《そう》の開山した寺、禅海庵から四〇〇メートルしか離れていない。天柱の線からの紹介があったのかもしれない。のちに禅海庵が松連寺に譲られるが、この天柱が光鑑の兄弟子というだけでなくて、昌近との過去の関係からきたのかもしれない。

## 小田切昌近の先祖地からの推定

小田切氏は信濃国佐久郡小田切を発祥の地とする。昌近の時代でもこの地やこの地の住人になんらかの関わりを持っていたかもしれないと考えた。小田切氏族の子孫が武田氏滅亡後、現地に残って農民になっていた可能性は大きい。元禄時代は天領および大名領であった佐久郡は上野国甘楽郡の隣で、潮音の黒瀧山不動寺はその中でもさらに佐久郡に近い。そのためもあってか、佐久には潮音派の寺が非常に多い。さらに小田切の地（長野県佐久市）は不動寺に向かう道に近く、国境の田口峠の入口である。玉井山法城院や田口峠途中にある菊水山観音寺、雨宝山禅昌寺は、元禄時代の初めにすでに潮音によって開山された寺である。しかもこの寺々は一般住民との関係が深い寺である。とすれば、知り合いの里人を介しての紹介かもしれない。あるいはさらに想像を加えると、光鑑自身がこの村の出身者、さらには小田切氏族かもしれない。

いずれにしても、これら推定の証明はなされていない。今後の調査を待たねばならない。

# 第六章　武蔵国多摩郡百草村「桝井山松連寺」中興開山（2）

## 1　中興開山時のまとめ

桝井山松連寺開山のことから話が遠く飛んでしまったが、ここで黄檗宗のことなどがわかったことから、さらにまとめてみる。

小林権大夫正利は、なぜ一寺を開基・再建しようとしたのかははっきりしない。ただ宗教的行動の流れの中で桝井山松連寺の中興開基があった。ここで黄檗宗の寺を開基する、という考えがはっきりあったのか、お寺であればどの宗派でも良かったのかどうかも不明である。小林家菩提寺の心法寺は浄土宗の寺である。

正利は百草《もぐさ》村三代目領主として百草の歴史を勉強した。鎌倉時代にあった頼朝の祈祷寺「真慈悲寺」や、過去の「松連寺」と思われる寺の存在や、桝井山八幡宮の由緒、本殿などのこれまでの修造の事情を知った。それらのことからか元禄十三年（一七〇〇）、六十六歳のときに、百草八幡宮を改修し、別当寺として松連寺を中興開基した。

この寺を中興開山するため、住持になってもらう僧を正利は大番時代の同僚で友人の旗本小田切加兵衛昌近（号秋山）に紹介してくれるよう相談した。そこで昌近は、隠元隆琦《いんげんりゅうき》が日本にもたらした日本黄檗宗宇治本山黄檗山萬福寺二代目木庵性瑫《もくあんしょうとう》の弟子、潮音道海《ちょうおんどうかい》が起こした黒瀧派（潮音派あるいは緑樹派）の本山、上野国甘楽郡南牧村《かんらぐんなんもくむら》の黒瀧山不動寺で修行・研鑽している、嗣法後五年経つ光《こう》鑑元如《かんげんにょ》を紹介した。光鑑は潮音の最後の直弟子である。そのとき不動寺三代住持である兄弟子碧湖元《へきこげん》達《たつ》の後押しも得て、元禄十三年（一七〇〇）に百草へやってきた。そして光鑑は翌年、百草に来ることになった事情と、八幡神の導きによって謂われのある多くのいにしえの経筒や仏像などを土中から見つけたことなどを書き込み、『桝井山正八幡宮伝紀』を著わした。これを昌近の息子新右衛門昌雄は軸装して八幡宮に奉納した。これによって後世のわれわれも、これらの事情の一端を知ることとなった。

それまで八幡宮の別当寺は無住で荒れ果てていたといわれている。したがって地元百草村の年番名主が八・九年間、その後は修験道場の「万蔵院」が八幡宮の鍵を預かっていた。ここで桝井山松連寺が開山されたことで、開山翌年の元禄十四年（一七〇一）松連寺が別当となり（『由木家文書』）、八幡宮の鍵を管理することとなった。

黄檗宗本山の江戸時代の延享・明和・享保・天保および明治の末寺帳には、記載が抜けているものもあるが、江戸時代に無住になったものも含めておよそ九〇〇から一〇〇〇の黄檗寺が記載されている（『近世黄檗宗末寺帳集成』）が、桝井山松連寺については一語も記載がない。おそらく、その後の跡地に中興された黄檗宗他派の慈岳山松連寺に代表されてしまって、記録が埋没してしまったのではないだろうか。

## 2　開山僧光鑑元如寿像安置と像のその後

寺院では一般に、開山した僧の寿像がその弟子や開基者らの発案・寄進によってほとんど例外なく造られ、本堂内陣に安置される。筆者は日本に数多くある黄檗寺を訪問し、開山僧の寿像を見てきた。それらのほとんどはもちろん法衣姿で、右手には払子《ほっす》を持つ。江戸時代における払子は僧の威厳を示すもので、寺の住持が持つものである。日本には禅宗がもたらしたが、その後各宗派にも使用が拡がった。

桝井山松連寺でも開山僧・住持の光鑑元如の寿像が奉られ、安置されたに違いない。ところが、その像の伝承が百草の地にはない。伝承があるのはその後に中興された慈岳山松連寺に関わる僧らの寿像である。現在、百草観音堂内に百草八幡神社所蔵の二体の僧形木造倚像《いぞう》が残っている。この二体の像と、存在していたと大いに考えられる開山僧光鑑の寿像との関連を考察してみた。

## 百草に残る僧形木造倚像の伝承

　百草地域の倉沢というところにある百草観音堂内に多くの仏像[35]と共に僧形木造倚像が二体残っている。これまで地元では像高約九十六センチメートルある大きいほうの一体は、桝井山が無住になって後に中興された慈岳山松連寺の開山僧慧極道明《えごくどうみょう》あるいは再中興開山僧北宗元揮《ほくしゅうげんき》で、像高約七十三センチメートルの小さいほうの像は、開基者である小田原城主で幕府老中であった大久保忠増の室、寿昌院慈岳元長《じがくげんちょう》尼四十五歳時の像といわれてきた。確かに小さい方の像は女性の像といわれれば、顔も身体からもそのまま受け入れられるほど女性的であると思われてきた。また江戸から百草村の慈岳山松連寺を訪れた文人たちの紀行文などに、僧の話として慈岳山松連寺に関係する寿像があること、それは慧極・北宗・寿昌院の像三体である（「松連禅寺之碑」）と書かれたことによって、長くそう信じられてきた結果とも思われる。さらに寿昌院はここ松連寺墓地に埋葬されていることもあってこれまでまったく疑問は生じてこなかった。ところが、これら二体の像を近年、解体修理

写真 16　百草観音堂に並んだ二体の僧形木像　東京都日野市・百草八幡神社蔵

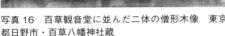

写真 17　小さいほうの僧形木像

することがあり、寿昌院のものといわれた像のあごにひげがびっしりと描き込まれていることが判明した（仏像文化財修復工房　松岡誠一氏）。一般に、尼さんの像にも「変成男子《へんじょうなんし》」(36)という思想から男のようにひげを描き込むこともあるといわれるが、黄檗宗ではそのようなことはないとされている。小さいほうの像が寿昌院のものでなければ、では誰なのか、という疑問がここから生じてきたのである。それと共にもう一体の像についても、これが契機となって、著者を含め各種の考えが出されるようになった（第二回「幻の真慈悲寺を追って」特別展シンポジウム）。

## 僧形木造倚像の小さいほうの主は伝承の寿昌院慈岳元長尼ではない

二体の僧形木像を言い伝え通りそのまま慧極あるいは北宗と寿昌院の像とする考えもあるが、筆者は以下の理由から、まず小さいほうの像は言い伝えられてきた寿昌院慈岳元長尼のものではないと結論づけた。

第一の理由は、現在の百草観音堂には慈岳山松連寺が蔵していたものはほとんどない。慈岳山松連寺の仏像・什物のリストが江戸時代の紀行文や百草村から官に出された文書も含めた史資料に見られるが、それらのものは現在ほとんど残っていない。おそらく明治時代初めの神仏分離令後、明治六年（一八七三）に廃寺となった慈岳山松連寺の仏像や什物はことごとく散逸したと思われる。開基者寿昌院の厨子入り持仏《じぶつ》、准胝観音《じゅんでいかんのん》像が昭和になって古物商店に陳列されているのを地元のかたが見つけ、買い戻していることもひとつの実例であろう。

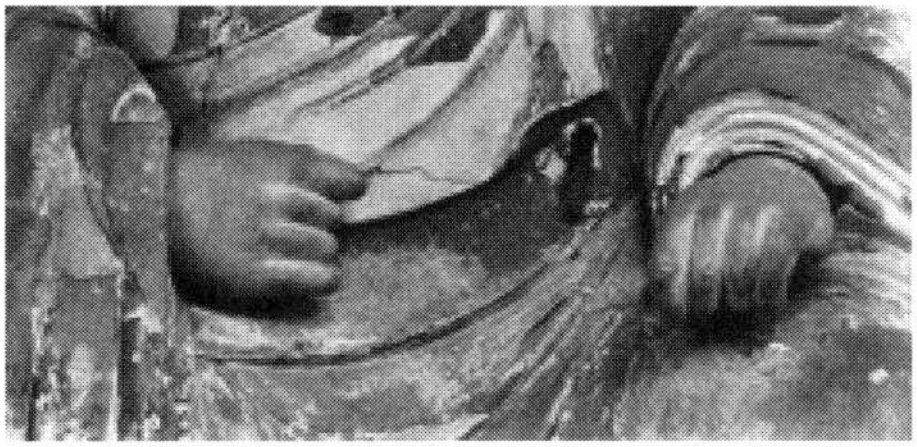

写真 18　百草観音堂内僧形木像（小さいほう）　右手の形に注意　写真提供：氏子会

二つ目の理由は、前述のように、この像には顔に髭が描かれていることが判明した。女性が成仏あるいは住持となるためには女性を変成して男子になる「変成男子」を強制する古い宗派もある。像を作製したときには髭を付けるなどする場合もあったであろうか。しかし例えば浄土真宗中興の蓮如は、戦国時代ですらそのことを否定し、男女の区別をなくしている。少なくとも黄檗宗では、男女の区別はしないと考えられる[37][38]。また以下に記した四つ目の理由でもそれがいえる。したがって顔に髭が描かれているのは、この像の主が男性と考えてよいだろう。主観的ではあるが、角度を変えたりしてよく見ると、男子っぽい顔ではある。

三つ目の理由は、対象の像の右手にある。これらの像の右手を見ると、いまは失われているが明らかに払子を持っていた形をしている[39]。また手のひら側に折り曲げた四本指と手のひらの間は払子状のものを差し込めるような穴状で、二体とも同じである。払子を持つということは、その寺の住持か、住持にもなれる和尚を示す。寿昌院は法脈系図に載っていない。師慧極の法脈の僧の住持が慈岳山松連寺ではほぼ最後まで続き、その僧たちのほとんどは黄檗山本山の宗派簿にも登録されている。寿昌院が登録されていないということは、法を継ぐことのできる僧ではないことを示しているだろう。

他の黄檗宗寺に安置されている、筆者自身の目で見た像のなかで、払子を持っている、あるいは持っていただろうとわかる例を挙げておく。

愛知県犬山市神護山先聖寺《せんしょうじ》開山「玉堂元珍」像・大阪府堺市大寶山法雲寺開山「慧極道明」像・神奈川県小田原市福聚山慈眼寺《ふくじゅさんじげんじ》開山「慧極道明」像・神奈川県湯河原市本光山瑞応寺開山「鉄牛道機《てつぎゅうどうき》」像（これは左手に払子が残っている、右手には拄杖《しゅじょう》(40)）・岐阜県関市大慈山小松寺勧請開山「隠元隆琦」像・同開山「潮音道海」像・岐阜県関市萬亀山臨川寺勧請開山「隠元隆琦」像・群馬県甘楽《かんら》町桃花山龍門寺勧請開山「潮音道海」像・長野県御代田町浅間山普賢寺追請開山「木庵性瑫」像・同開山「月浦元照《げっぽげんしょう》」像・福島県白河市大雲山龍興寺開山「鳳山元瑞」像

さらに四つ目の理由は、寿昌院の墓には、いわゆる有徳僧に対する尊称の禅師《ぜんじ》と刻まれているが、和尚《おしょう》とは書かれていない。「當山開基壽昌院殿慈岳元長尼禅師塔」。ただ、夫が亡くなって在家の尼さんが墓塔で称するような禅定尼や禅尼でなく、尼禅師と称されていることから、僧（尼僧）である

ことは間違いないだろう。

和尚であれば、男であれ、女であれ、墓には名前の最後に「和尚」と彫られるだろう。例えば、いまは合寺されて東京白金紫雲山瑞聖寺《ずいしょうじ》境内に移建されているが、武蔵国落合村のもと黄龍山泰雲寺住持了然元聡尼《りょうねんげんそうに》の墓は僧の墓の形である無縫塔（卵塔）であり、また女性であるが「和尚」という字が刻銘されている。これだけを見れば、女性とはわからないであろう。「臨済正傳三十五世泰雲二代了然總和尚塔」。

写真19　左：寿昌院慈岳元長尼墓塔　右：正面銘
東京都日野市・慈岳山松連寺旧墓地

五つ目の理由は、これもこの像の修理のときに判明したが、黄檗宗特有の赤い袈裟の下の法服に文様があることである。したがって、おそらく開堂衣を着していると思われる。開堂衣というのは黄檗和尚の最正装である（『法衣史』）。開堂は、和尚が新しく寺の住持になったときの新任挨拶の儀式である。寿昌院は住持になっていないため、開堂衣を着ているとは思えない。他の寺の本陣にある寿

写真 20　左：泰雲二代了然總和尚塔　右：正面銘
東京都港区・瑞聖寺

像でも、和尚ではない開基者のものは、地位のある人でも多くは墨染めの衣を着た像である。派手で色つきでも文様は見当たらない。

一般に古い木像は、表面の色部分が剥がれ、褪せているため、文様の見えにくいものが多いが、法服に文様がはっきり見える他の黄檗僧像には、例えば以下のものがあった。

愛知県犬山市神護山先聖寺「玉堂元珍」像・長崎市東明山興福寺「隠元隆琦」像・神奈川県小田原市福聚山慈眼寺「慧極道明」像・群馬県甘楽町桃花山龍門寺「潮音道海」像・長野県御代田町浅間山普賢寺「木庵性瑫」像・福島県白河市大雲山龍興寺「鳳山元瑞」像など

この中の普賢寺と龍興寺のものは払子と開堂衣の文様は今も実にはっきりしている。

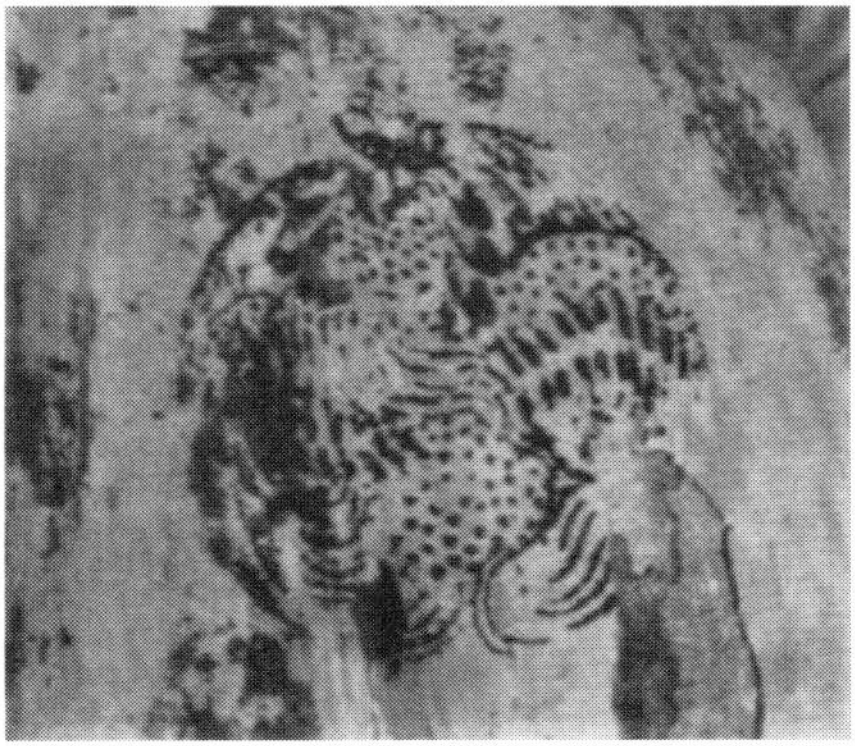
写真 21　上：小さいほうの像の法服襟にある紋様　下：大きいほうの像の法服肩にある紋様　写真提供：氏子会

以上、挙げた多くの理由から、百草観音堂に安置されている二体の僧形倚像の小さいほう、もちろん大きいほうも寿昌院の姿を表わしたものではないといえるだろう。

では、この二体の僧形木造倚像の主は誰なのか。これに対する筆者の答えは、第九章にある。その前に桝井山松連寺の他の重要な事柄に触れておかねばならない。

# 第七章　桝井山松連寺と江戸市谷谷町禅海庵

## 1　桝井山松連寺墓地の二つの墓塔

桝井山松連寺の跡に中興開山された慈岳山松連寺も今はない。しかし、その墓地・墓塔はよく残っている。その墓地の後方、林の向こうにさらに桝井山松連寺の墓地といわれている場所があり、そこに主不明だった墓塔が三基ある。一基は二人の合葬墓塔であるが、その主はまだ確定されていない。その合葬墓塔の前に二基の高さ九十センチメートルばかりの小さな墓塔が雑草の茂る野に並んでいる。この二基の墓塔銘が近年解読され、おおよそのことが判明してきた（『黄檗文華』一二七号　西村勉）。これによると一基の銘は、

元禄九年丙子季　松連寺
臨済正傳□□□上天下柱元礫老大和尚　覺位
二月初三日　仲《（ママ）》興開山

とある。もう一基は、

宝永四丁亥季

海眼院淨輪江月道人　覺位

九月念九日

とある。前者は天柱《てんちゅう》元⿰石條《げんそう》和尚であり、四角で示した解読不明の文字は臨済正傳「三十五世」ではないかと推定される。潮音道海の弟子で光鑑元如の兄弟子である。後者は江戸市谷谷町《いちがやたにまち》にある禅海庵開基者、鳥取城主の母涼月院の侍者海眼院江月浄輪《かいげんいんこうげつじょうりん》(41)であった。

なぜ鳥取藩に関係する人々の墓塔が江戸から十里ほど離れた、しかもまったく縁がなさそうな武蔵国多摩郡百草村にあるのか。以下、それ以後の筆者の調査によって分かってきたこと

写真22　天柱元⿰石條と海眼院（右）の墓塔
東京都日野市・桝井山松連寺旧墓地

写真23　天柱元⿰石條の墓塔

を加えて記していきたい。

写真24　上：海眼院の墓塔　下：海眼院墓銘拓本　小黒氏と筆者作成

## 2　江戸市谷谷町の禅海庵を松連寺が譲り受ける

光鑑元如が松連寺を開山して以降、住持でいたころを示した数少ない史料のなかのひとつは、江戸市谷谷町にあった黄檗宗禅海庵《ぜんかいあん》二代宜孝《ぎこう》浄慶《じょうけい》が禅海庵を松連寺の光鑑元如に譲る（『禅海山涼月禅寺記』『黄檗文華』一二七号、西村勉）という記事である。この史料のおおもとは文政十年（一八二七）に池田冠山(42)によってまとめられた『江戸黄檗禅刹記』のなかにあった。しかし光鑑や松連寺の名はあったが、桝井山という山号の記載はなかった。

### 禅海庵とは

禅海庵は、潮音道海の弟子、天柱元磔が中興開山した寺であり、江戸市谷谷町にあった（新宿区住吉町）。後の正徳二年（一七一二）、山号寺号が許されてから禅海山涼月寺となった。天柱は光鑑の兄弟子である。『江戸黄檗禅刹記』は、時代がかなり後の著書のため、禅海庵ではなくて禅海山涼月寺の名で載っている。

写真 25　『江戸黄檗禅刹記』表紙　国立公文書館蔵

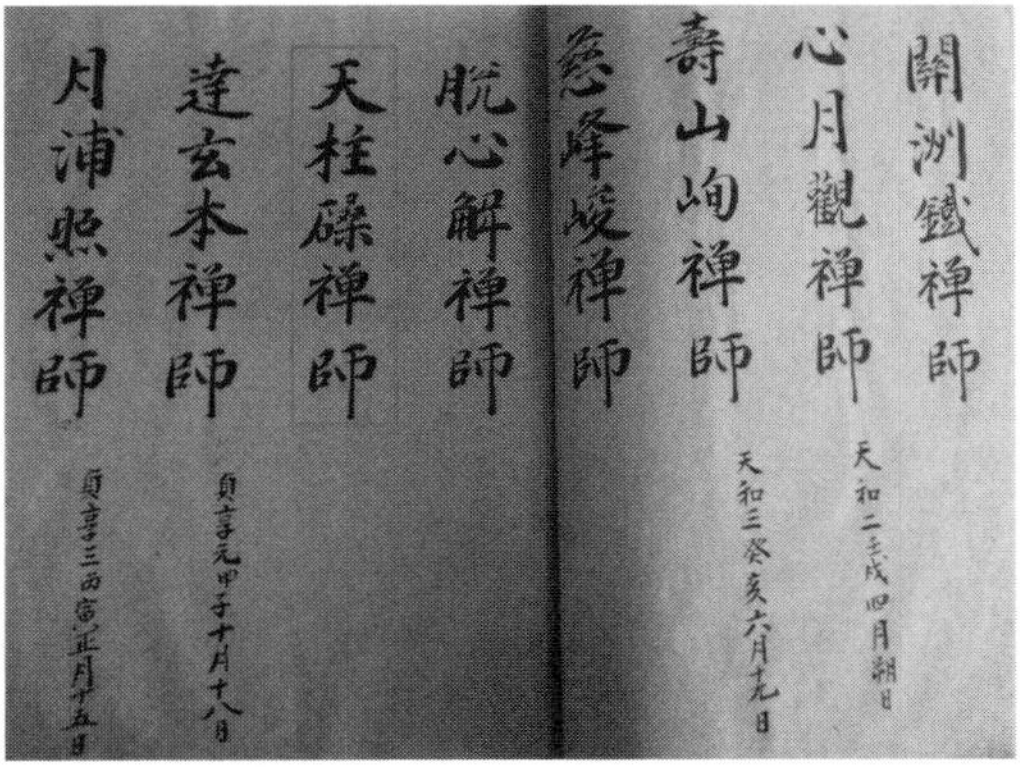


写真 26　『黒瀧宗派簿』「天柱（元）磔」

この寺は、寛文元年（一六六一）に僧大龍

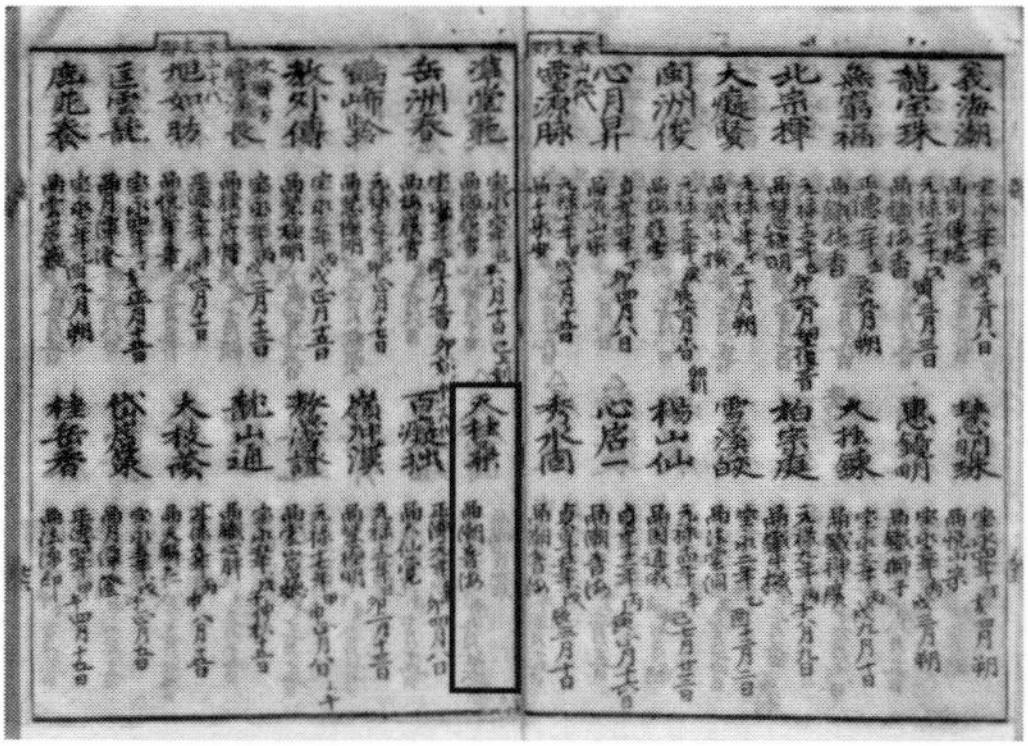

写真27　『黄檗宗鑑録』「天柱（元）礎」

が禅海庵を本郷に開山したのが始まりという。その後の天和二年（一六八二）、潮音が天柱を書記としてここに住まわせた（『黒瀧潮音和尚の年譜』）。天柱は貞享元年（一六八四）四月、潮音から法を継いだ(43)。

元禄五年（一六九二）、天柱は禅海庵を中興開山した。潮音道海の生存中に弟子たちがひとつの庵や寺を開山したとき、だいたいのことは『黒瀧潮音和尚の年譜』に記載されているが、不思議にこの禅海庵開山のことは載っていない。

開基者涼月院は池田鳥取藩三十二万石の支藩鹿奴《しかの》（東館三田家）三万石、松平（池田）壱岐守仲澄《なかずみ》(44)の正室松平菊子である。菊子は徳川家康の孫常陸国府中藩松平播磨守頼隆の娘であり、また鳥取本藩三代吉泰の実母である。亡くなったのは元禄七年（一六九四）六月十八日、法名は「涼月院殿日晴妙秋大姉」である（『江戸黄檗禅刹記』『鳥取藩史』(45)）。

ところが『禅海山涼月禅寺記』によると、開基者である涼月院よりもその侍者海眼院江月浄輪を大きく讃えており、鳥取城主の涼月寺への寄進を促した人でもあるとされている。したがって、むしろこの寺の開基は涼月院と海眼院の二人と考えてもよいだろう。ただし海眼院は黄檗僧天柱から受戒しているからか、『禅海山涼月禅寺記』によると、むしろ海眼院を開基者としている。ちなみに鳥取本藩も初代光仲のころから黄檗宗への帰依があり、鳥取にある菩提寺などを黄檗宗に変えている。海眼院は、はじめ鳥取城主二代綱清の侍女だったが、のちに涼月院の侍女となった。

禅海庵は元禄六年（一六九三）、本郷から「市谷本村《ほんむら》の邑に移」された。[46]

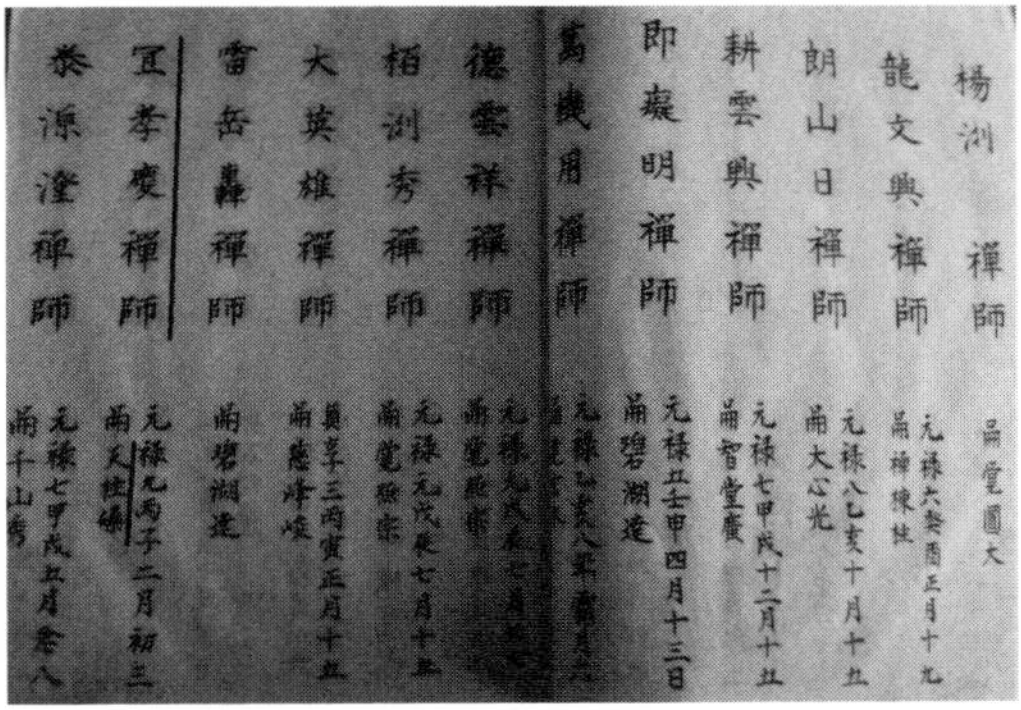

写真 28　『黒瀧宗派簿』「宜孝（浄）慶」

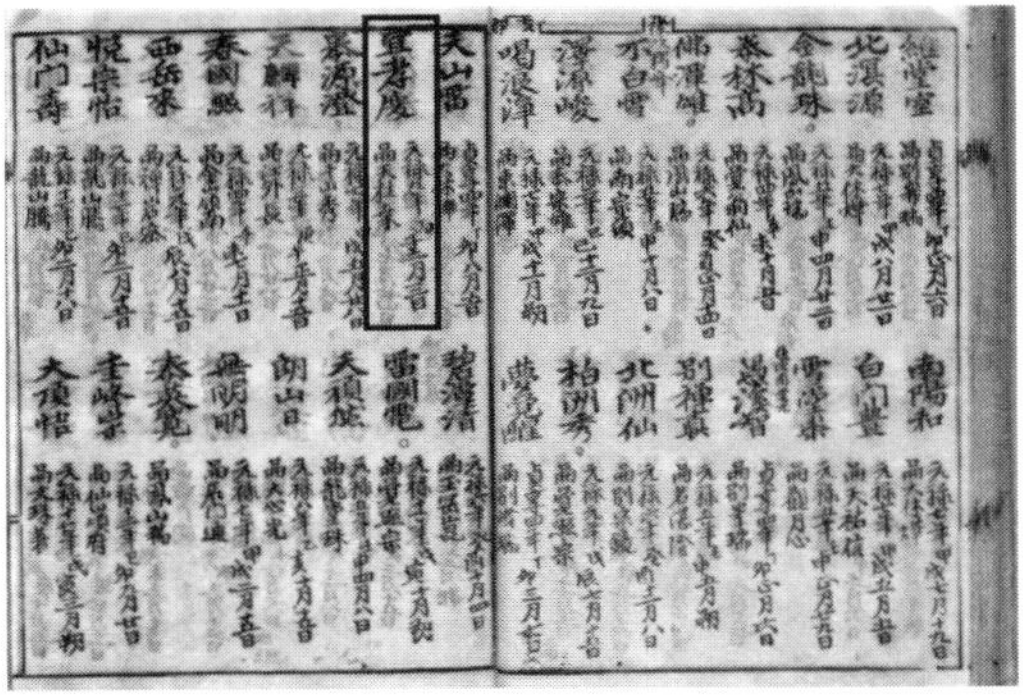

写真 29　『黄檗宗鑑録』「宜孝（浄）慶」

元禄九年（一六九六）二月三日[47]、天柱が遷化した。彼の師である潮音が示寂した翌年である。この臨終の場で弟子宜孝に嗣法しており、宜孝はそのまま禅海庵二代となった。

### 光鑑元如、禅海庵を譲られる

禅海庵は二代住持のと

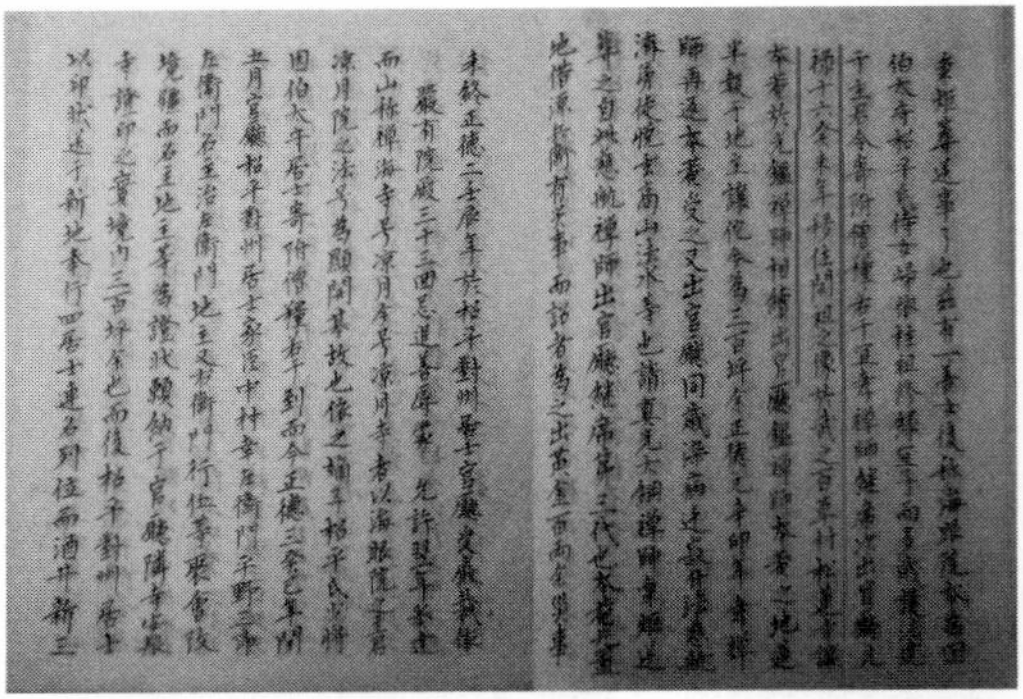

写真 30 『江戸黄檗禅刹記』に引用された『禅海山涼月禅寺記』「禅海庵を松連寺へ移す」部分

きにいっとき百草村桝井山松連寺に譲られた。これにより桝井山松連寺にこの寺の人たちの歴史が新たに加わった。『禅海山涼月禅寺記』に

元禄十六癸未年移住開祖之像於武之百草村松蓮《ママ》寺譲本菴於光鑑禅師相續出官廳

と書かれている。禅海庵二代目住持宜孝は、住持になって五年目の元禄十六年（一七〇三）に桝井山松連寺の光鑑に禅海庵を譲って他所へ移った。その理由は書かれていない。[48] 松連寺が開山されてまだ三年しか経っていない。またこのとき、禅海庵にあった天柱の木像寿像も百草村松連寺に移ってきた、とある。このときおそらく海眼院も松連寺に移って、光鑑のもとで仏への勤めをしていた。涼月院はすでに亡くなっている。

　譲った先がどうして松連寺だったのか謎である。こういうことが言えるかどうかわからないが、開基者の格に大きな差があれば、寺（庵）の格に差ができるかどうか。もし差があるとすれば、禅海庵の格は桝井山松連寺よりもかなり上となる。また江戸には同じ派の寺があるのに比して松連寺は地理

的にかなり離れている。土地も譲られた光鑑はその半分を地主に譲ったというが、三〇〇坪ばかりも譲られている。どうして松連寺に譲ったのか。天柱元礫と光鑑元如は黒瀧山不動寺で仲の良い兄弟弟子であったか、あるいは天柱が光鑑の副指導者だったことも考えられる。年齢は定かではない。天柱の嗣法日は貞享元年（一六八四）であるが、その二年前に不動寺から禅海庵に移っている。光鑑の嗣法は元禄八年（一六九五）であるから、一緒にいた可能性は非常に高い。そしてそのことを宜孝がよく知っていたか、天柱が光鑑の事《こと》をよく話していたのもしれない。あるいは前述のように小林正利に光鑑を紹介した小田切昌近との関係かもしれない。いずれにしても譲渡先がなぜ松連寺であったのかは、今後に残された問題である。

## 3　海眼院江月浄輪、遺産を松連寺に寄進

### 海眼院江月浄輪寂す

海眼院江月浄輪は、百草にある墓塔の銘にあるように、宝永四年（一七〇七）九月二十九日に寂した。松連寺に移って四年後である。

一方、禅海山涼月寺境内檀越墓所にあったという海眼院の墓塔について、『江戸黄檗禅刹記』は以

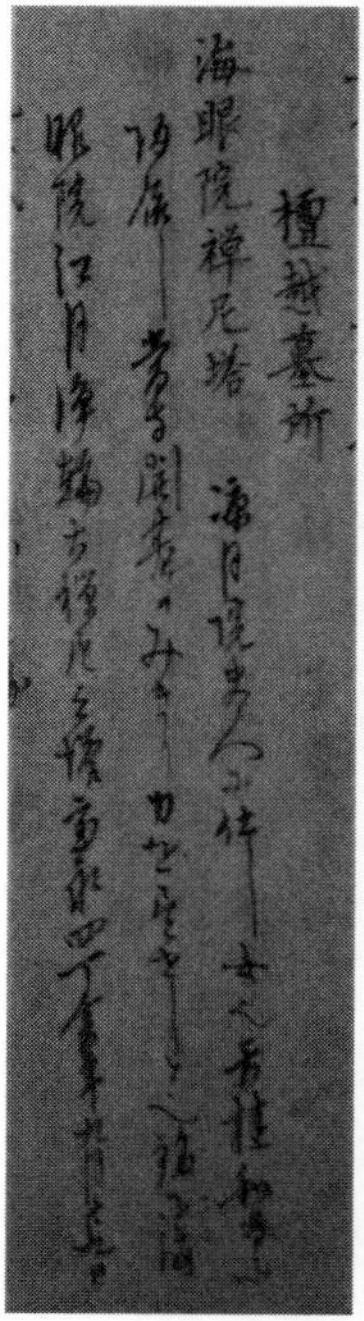


写真31　『江戸黄檗禅刹記』涼月寺檀越墓所部分

下のように記している。

海眼院禅尼塔　涼月院夫人に仕し女なり　天柱和尚に帰依し當寺開基のみぎり力を尽せしと也　銘に海眼院江月淨輪大禅尼之塔　寂宝永四丁亥年九月廿九日

（『校注　江戸黄檗禅刹記』から）

このことから、松連寺にあるものと涼月寺にあるものとは同じ人物の墓で墓の主は鳥取藩の海眼院であることが戒名・寂年月日からわかる。涼月寺にあるこの人の墓は、示寂してから十三年後の享保五年（一七二〇）に建てられた。禅海庵はのちに松連寺から分離し、再び元の地に開かれて、新たに開山塔（天柱元皞墓塔）や海眼院墓塔を建てたということである。このことから考えると、百草松連寺墓地にある墓塔は供養塔ではなくて、埋葬墓（本墓）の可能性もある。あるいは骨が分けられたかもしれない。現在、涼月寺のあった場所は住宅街になっており、ここの墓塔はどこに行ったのかまったくわからない。[49]

この宝永の時期、海眼院が桝井山松連寺に居たこと、禅海庵が松連寺に譲られて合わさって四年後に寂したことがわかる。おそらく光鑑が葬儀を行なったのであろう。

さらに彼女は、松連寺にとっても大事なかたでもあることが新たにわかった。

## 海眼院江月浄輪、遺産を松連寺に寄進

鳥取藩に関する史料を探していたところ、鳥取藩記録文書リストのなかに『江戸寺社・日光安居《あんご》院』[50]という、江戸にある鳥取藩に関連する寺社の記録文書を見つけた。鳥取県立博物館から必要部分のコピーをいただいた。「江戸寺社」とあるから禅海庵でも載っているかと思っていたら、それもあったが、別に「松蓮（ママ）寺」の項もあり、これは予期していなかったので非常に驚いた。そこに以下のような記述がある。海眼院が松連寺に自分の遺産のうち玄米四十俵、ほかに茶湯料として白銀五枚を永々に寄進したい旨を生前、鳥取藩にお伺いを立てていた。藩はそれを寂して半年後の宝永五年戊子《つちのえね》（一七〇八）三月二十日に認め、鳥取藩の森佐左衛門が松連寺に伝えている。かなり高額な寄進である。これを松連寺はあ

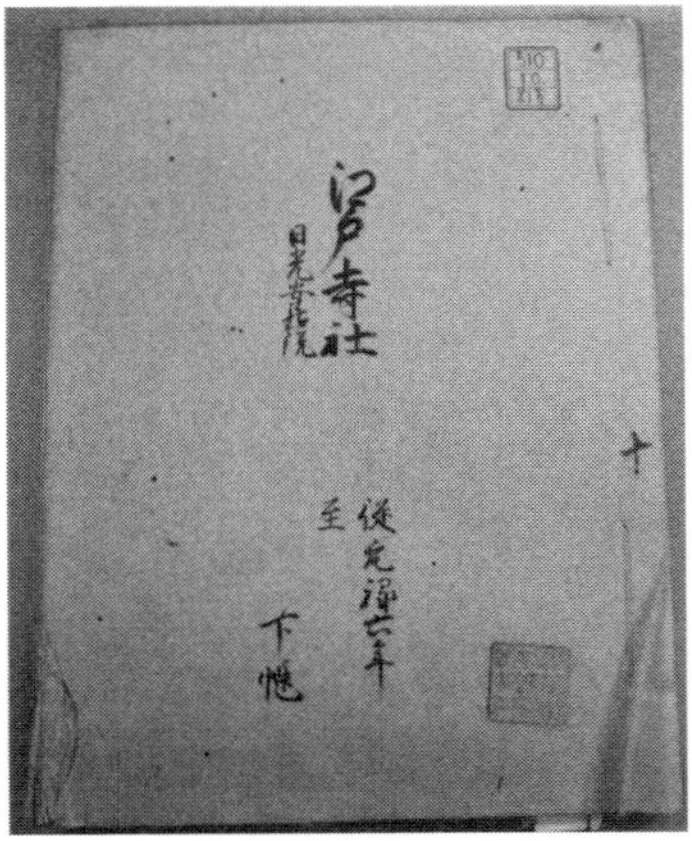

写真 32　『江戸寺社・日光安居院』表紙
鳥取県立博物館蔵

りがたく受け取っている。

松蓮（ママ）寺

宝永戊子三月廿日

一　海眼院跡式之儀八王子之松連（ママ）寺江被　仰付被下候様

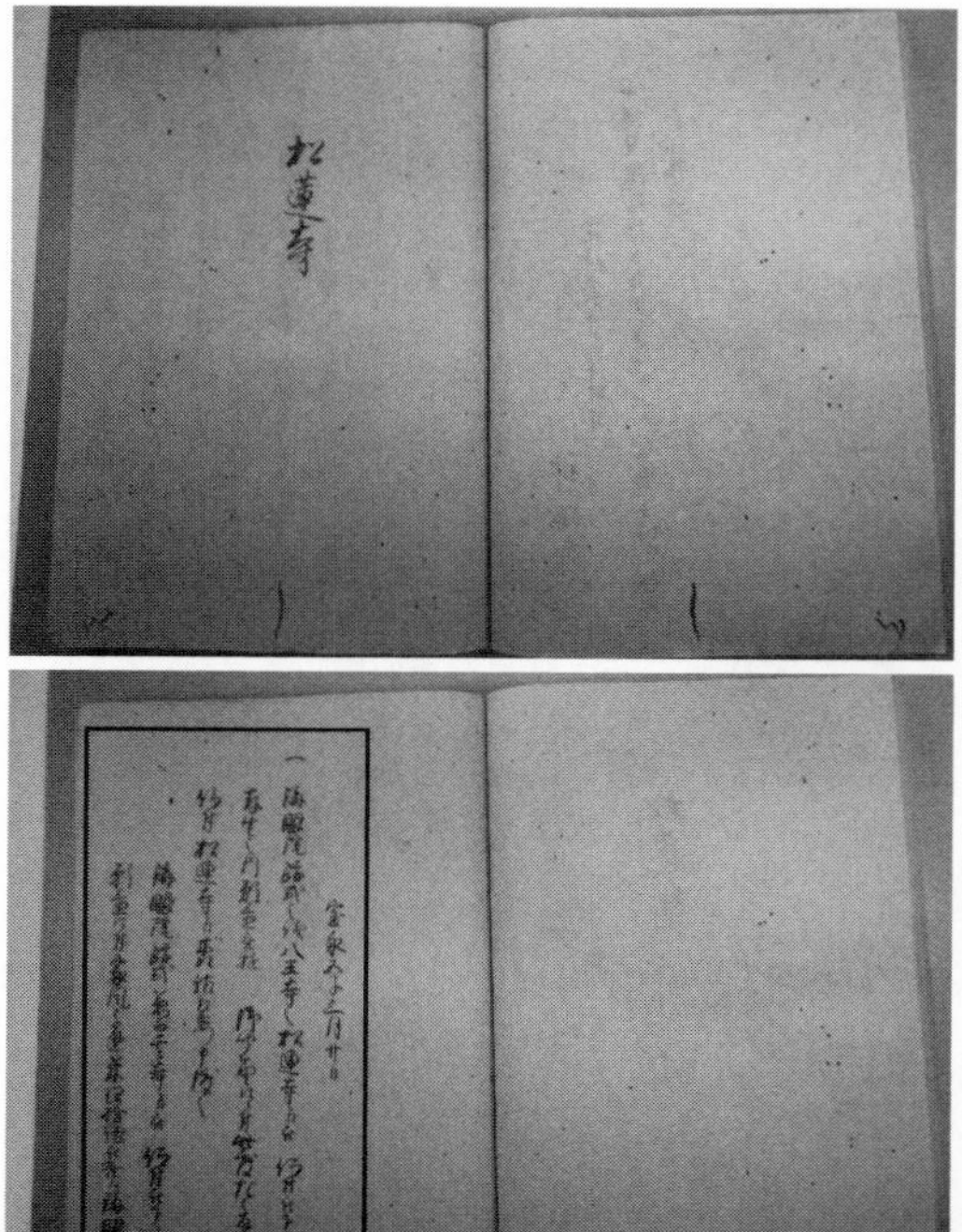

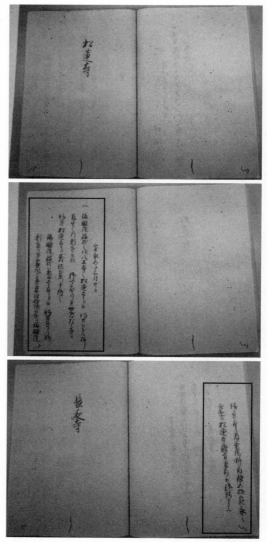

写真33　上：『江戸寺社・日光安居院』「松連寺」の項初頁
中：同項記事　下：同項記事続き　鳥取県立博物館蔵

存生之内願置被遊　御聞届候ニ付比度左之通被
仰付松連《ママ》寺江ハ森佐左衛門申渡之
海眼院跡式兼而其寺江被　仰付被下候様
願置候ニ付家風之通米四拾俵被遣候海眼院
儀ニ付外ニ為茶湯料白銀五枚宛永々
被達候松連《ママ》寺難有奉存旨御請申上

同様の記事が、鳥取藩家臣が付けていた日記『因府年表』にも記されていた（鳥取県立博物館來見田博基氏情報）。鳥取藩家臣の家に引き継がれてきた記録を子孫である岡嶋正義が天保末（一八四四）ごろにまとめたものである。[51] この日記の「宝永五年戊子三月小条」に以下の記事がある。

廿日　於江府、海眼院故御女中跡式八王子の
松蓮《ママ》寺へ被仰出、御菩提所並、
毎歳玄米四十俵、外に海眼院茶湯料と
して銀五枚被遣。
一記に海禅《ママ》菴、後に涼月
寺と改号。可考。

松連寺を「松蓮寺」と、在地も百草ではなく「八王子の」と書き、禅海庵を「海禅菴」と「海」と

「禅」の順序を反対に書いてあったりする間違いはあるが、内容は『江戸寺社・日光安居院』の記事とまったく一致している。海眼院は御女中とあるが、かなり大身《たいしん》のひとと考えられる。この寄進は彼女個人からのものであるが、桝井山松連寺の跡に中興された慈岳山松連寺への小田原十一万三千石大久保城主からの扶持が毎年四十八俵であったもの（『老中夫人寿昌院と智光院』筆者）に匹敵する。しかも海眼院は菩提所（鳥取）と松連寺との二ヶ所への寄進ということである。

これらに関する百草村松連寺側の記録は今のところ見つかっていないが、鳥取藩およびその家臣の家で記録されていた史料は貴重である。寄進の大きさに比して海眼院の石塔が小さいのは身分の違いかもしれないが、やはりいささか気になる。またちょうどこの頃、松連寺の開基者である小林正利は後述のように桝井山観音堂に自分の石造寿像を安置したり、一族による手水鉢寄進があったり、自らの逆修塔《ぎゃくしゅ》を江戸麹町の菩提寺に建てたりしている。しかし海眼院によるこの寄進のことは、小林家の記録などからは今のところ見られていない。

のちに禅海庵が松連寺から独立し、新たに中興開山したとき以降、この寄進米はどうなったのか、涼月寺のほうへいったのか、中止されたのか、不明である。松連寺のほうへは中止されて、涼月寺のほうへは続行されたのだろうか。また毎年といっても遺産がどのくらい続くほどのものかもわからない。その桝井山松連寺自体が、禅海庵が出て行ってから三年後に無住あるいは廃寺となってしまった。『因府年表』に書かれた「一記に海禅菴《（ママ）》、後に涼月寺と改号。可考」というのは、のちに禅海庵が寺院に昇格して山号・寺号が付けられて再開山されたようなことを聞き、またそれと松連寺との関係も確かめようか、ということかと思われる。

## 禅海庵、松連寺から出て元に戻る

　禅海庵が松連寺に譲られてから八年後の正徳元年（一七一一）、再び元禅海庵二代住持宜孝浄慶が戻ってきて、禅海庵が松連寺から分離され、復活する（『禅海山涼月禅寺記』）。この史料にはいきなりこのことが書かれており、どうして譲ったのか、またどこから戻ってきたのかなどの状況が書かれていないため、謎のひとつとなる。翌年の正徳二年（一七一二）四月、先々代（四代）将軍家綱（厳有院）三十三回忌追善供養のとき、黒瀧派では他の江戸五庵[52]とともに山号・寺号を得て、禅海庵は禅海山涼月寺となった。涼月寺の名は開基者である涼月院の名から付けられた。翌五月十二日、住持宜孝が示寂し、弟子の慈航衍済《じこうえんさい》が三代目住持となる。寺号を得て、慈航は再び涼月寺を中興開山する（『牛込区史』）こととなる。一方、桝井山松連寺は二年後の正徳四年（一七一四）八月、檀越小林家が前述のように不祥事のために百草村領主でなくなり、おそらくそのことで無住あるいは廃寺となる。光鑑は百草をあとにした。百草村桝井山松連寺の住持にあること十四年間であった。

　松連寺に天柱元礎や海眼院の墓塔がたまたま建てられたため、譲られた禅海庵がまた松連寺から出て行っても彼らのことをこのように調べることができたのは、何かの縁であろうか。本著により海眼院と天柱の供養ができれば、幸いである。

## 4　松連寺墓地にある天柱元磉墓塔銘「松連寺仲興開山」の意味

桝井山松連寺墓地にある天柱元磉《てんちゅうげんそう》墓塔の銘に、「松連寺仲《(ママ)》興開山」という文字が入っている。したがって従来から光鑑元如が最初の開山僧ではなく、それ以前から松連寺があって、それは天柱が開山したといわれることもあった。そして天柱が黄檗宗の僧であることがわかると、百草村での黄檗寺最初の開山僧は天柱だとする考えも出てきた。しかし筆者は各種の調査結果から、それは間違いと考えている。

### 天柱元磉は桝井山松連寺最初の中興開山僧ではない

筆者は、天柱は生前に桝井山松連寺を中興開山していないと考える。

その理由のひとつは、黄檗宗桝井山松連寺が天柱の生前にあった証拠はまだない。また前述のように光鑑が旗本領主小林権大夫正利に招かれ、黄檗宗桝井山松連寺をはじめて開山したことは明らかだと考えられる。そのとき、すなわち元禄十三年（一七〇〇）には、天柱はすでに示寂している。

二つめの理由は、光鑑が天柱の寂した年から四年後に松連寺に呼ばれ、その翌年、『桝井山正八幡宮伝紀』を著した。そこにはそれまでの過去のことが書いてあるにもかかわらず、同じ派である天柱のことは書かれていない。すなわち「寺門の絶を起す」とあるが、前述のようにその絶していた寺門がもし天柱が開山した寺であるならば、兄弟子である同門の天柱の名が書かれないことはないと考えられる。

三つめに、ずっと後のことであるが、慈岳山松連寺八代で、瑞聖寺塔頭から松連寺に移って来た慧《え》極道明《ごくどうみょう》派（聖林《しょうりん》派）系の僧、魯庵如道《ろあんにょどう》は「松連禅寺之碑」を建てた。その碑文で黄檗松連寺最初の住持に光鑑を挙げているが、光鑑と同じ黒瀧派祖潮音道海の弟子である天柱のことをまったく書いていない。もし天柱が開山したのならば、ここに書かれていて当然であろう。光鑑が最初に黄檗の寺を開いたから光鑑を一番先に挙げたのだと思われる。

四つめの理由は、禅海庵（のちの涼月寺）は天柱弟子の宜孝浄慶《ぎこうじょうけい》が住持を継いでおり、その系譜が続いていく。それに対して松連寺は、実際には天柱の寂した年から光鑑が松連寺の住持になるまでの三年のあいだ、天柱の系譜についても他の住持についても記録がない。また天柱にはすでにもう一人の嗣法した弟子もいて、その僧が松連寺に来たとしても不思議はない。もし次に来た僧が光鑑だとすれば、先代住持天柱のこと、しかも兄弟子であることが伝えられてもいいだろう。

さらに理由をあげると、涼月寺に対して鳥取藩ではいろいろ援助をしており、その記録もあるが、涼月寺開山の天柱のことや、開基者のひとりである海眼院江月浄輪が松連寺にいっとき属していたこと、またふたりの墓塔が松連寺墓地にあることなどの記録は何もないのである。それに対して、海眼院個人としては遺産などの松連寺への寄贈の記録があり、鳥取藩がその許可を出しているという前述の記録がある。すなわち松連寺の存在は知っているが、鳥取藩に関係の深い天柱と松連寺の関係は書かれていない。

これらのことから、百草村桝井山松連寺の墓地に天柱の墓塔があり、そこに「松連寺仲興開山」と書かれているが、生前にここを開山したとか、住持になっていた形跡はない。したがって生前には桝井山松連寺を中興開山していない、と結論付けていいだろう。

では天柱の墓塔に「松連寺仲興開山」と書かれているのは何故なのか、何を示しているのだろうか。それを以下に説明したい。

## 光鑑元如が兄弟子天柱元礎を奉って松連寺の追請中興開山僧とした

宜孝が禅海庵を桝井山松連寺に譲ったとき、天柱はすでに示寂していたが、前述のように天柱の寿像も松連寺に移している。この寿像が松連寺に来たため、また兄弟子でもあることから、光鑑は天柱を死後の中興開山僧として、いわゆる追請《ついじょう》開山に奉ったと考えられる。また禅海庵が松連寺と一緒になって、禅海庵の開山僧が天柱であるから、松連寺もともに開山僧としたともいえる。

追請開山ということは珍しいことではない。潮音黒瀧派でその例を示してみる。
死後、敬って開山僧に奉った追請開山例（『緑樹』等から）

①浅間山普賢寺（信濃国佐久郡塩野村）

貞享三年（一六八六）九月十八日、普賢堂を大改築して、山号・寺号を浅間山普賢寺と改めた。そのとき黄檗本山二代住持の木庵性瑫を追請開山僧とした。この開山のとき木庵はすでに寂しており、遺品と館林萬徳山広済寺草創の時に造った木庵寿像を本陣に納めた。ちなみに、再中興の月浦元照《げっぽげんしょう》の寿像もある。

②太平山興国寺（武蔵国加美郡安保領長浜村）

『近世黄檗宗末寺帳集成』には「勧請開山観月和尚」とある。いきさつは以下のようである。武州長浜の開基者らは寛文十一年（一六七一）、長浜に太平山興国寺を再興して、潮音を開山に迎えた。潮音はここに観月元心《かんげつげんしん》を住まわせた。観月が早くに示寂したが、潮音は観月を称えて、「この寺は、檀越が私を開祖として奉じたが、今、改めて観月に譲って開山とする」と宣した。そこで観月を追請して開山僧とした。

③補陀山善光庵（三河国宝飯郡牛久保村）

潮音弟子智海元広《ちかいげんこう》が、潮音を追請開山として元禄末期か宝永年代に開いた。潮音は十年ほど前に示寂していた。因みに、この寺は黄檗山末寺簿から抹消されているが、地元ではお堂を残し、名を残し、地域での信仰の対象にしているという。

④智福山円満庵（信濃国佐久郡穴原村）

貞享四年（一六八七）、禅棟元柱《ぜんとうげんちゅう》が住持となってから十五年、彼の弟子活眼浄円《かつげんじょうえん》が住持になると、本堂・庫裡を大改修し、潮音を追請して円満庵の開山に奉じた。潮音は七年ほど前に示寂している。

このように、追請開山の例はこのほかにもたくさんある。このような事例から考えても松連寺の天柱墓塔銘に刻まれた「松連寺仲興開山」ということは、光鑑が天柱を死後の追請中興開山に奉ったものであろうと結論できる。

# 第八章　小林正利のその後の各種宗教的行動と謎

## 1　桝井山松連寺観音堂と桝井山観音堂

百草村領主三代目、桝井山松連寺開基、檀越の小林権大夫正利のことに戻る。

第一章で記述したように、桝井山松連寺開基のいくらか前に、小林正利は陣屋内に倉沢観音堂を建造した。この堂の開堂や観音像の開眼を行った僧は史料中に見つからない。前述のように正利父二代正綱の棟札に書かれていたように、八幡宮本地仏の寄進、開眼などは近くの真言宗高幡山金剛寺の僧が行なっているが、観音堂開堂供養でもそうだったかもしれない。その後、松連寺を中興開基したことを契機として、倉沢観音堂も新たに松連寺持ちにした（『正徳四年甲午年九月朔日武州多摩郡百草村明細帳の写し』）。このときの開堂供養会は光鑑元如が行なったであろう。その後の観音堂をめぐる動きにいくらか謎がある。

写真34　武州多麻郡百草村桝井山松連寺観音堂扁額
東京都日野市

### 桝井山松連寺観音堂扁額の意味

この観音堂は、今は新しく建て替えられているが、「観音堂」と大書された扁額は、正利嫡男の正與が桝井山松連寺開山の二年後、元禄十五年（一七〇二）に寄進したものがそのまま観音堂正面に掛けられている。扁額裏面に書かれた銘文の一部「桝井山松連寺観音堂」という名称から、正利開基の観音堂が、松連寺開山後は松連寺持ちにされたことを裏付けているだろう。

武州多麻郡百草村桝井山松蓮《（ママ）》寺観音堂
元禄拾五壬午天二月十七日　小林源正與

元禄十五年（一七〇二）は、奇しくも百草村領主初代小林正吉がここに領地を得た年からちょうど六十年の節目の年である。

### 桝井山観音堂手水鉢の意味

正利六男、正義寄進の手水鉢がいまも百草観音堂境内に残っており、お堂前に据えられている。正面全面に刻まれた銘がある。

宝永五戊子歳七月

奉寄進
武刕多麻郡
百草村桝井山
観音堂

源姓小林氏四良《ママ》五郎
正義

写真 35　桝井山観音堂手水鉢　東京都日野市

これは観音堂を松連寺持ちにしてから七年後の宝永五年（一七〇八）七月のもので、その銘には、正利がこの年制作した次項に説明する石造寿像と同じく「桝井山観音堂」とあるが、「松連寺」の文字がない。自分が開基した観音堂は松連寺開山後、寄進のような形で松連寺持ちにしたが、「自分が造ったもの」という思いが出てきて、石造寿像に「桝井山観音堂開基」という銘を施したと思われる。この正利の考えに正義も同調して、桝井山松連寺観音堂ではなくて、このように「桝井山観音堂」という手水鉢の銘になったのではないだろうか。全面に大書されているところにもその意思が表れていると感じられる。

写真36　小林正利石造寿像　川崎市中原区・福聚山全龍寺蔵

## 小林正利石造寿像と銘の意味

正利は桝井山松連寺を中興開基してから四年後の七十歳のとき、鉄砲箪笥奉行職を辞して小普請となり、かなり自分の時間が取れるようになった。それと同時に晩年にやるべきことを決め、実行していったと思われる。

その行動のひとつが、宝永五年（一七〇八）八月十五日、自分が開基し、創建した観音堂に開基者として名を残しておこうと、自分の石像を観音堂に安置したことである。石像の寸法は、高さ約五十二センチ、袖張約六十八センチ、膝張約四十三センチメートルといくらか小ぶりで、彩色されている。これについては村上直氏が詳しく書いておられる（「全龍寺の石像坐像・旗本小林権大夫正利について」）。しかしこのなかで「観音堂開基」の年を正利の石像銘にある宝永五年と混同しておられるようである。この年は石造を安置した年である。

もうひとつ、混同してこの観音堂を松連寺境内の観音堂としておられるようである。しかしこの宝永五年にあった観音堂も倉沢観音堂と同じもので、松連寺境内にあったものではないだろう。もともと桝井山松連寺境内には観音堂の建物はなかったと考える(53)。

実際、観音堂は松連寺境内ではなく小林家陣屋内にあって、桝井山松連寺を開山したころはその観音堂を松連寺持ちにしたが、宝永のころには自分のものということで、先の手水鉢と同じく銘のなかに「松連寺」の名を入れなかったのではないだろうか。

写真37　上：小林正利石造寿像背面
下：同像右袖面

石像を異なった視点から考察して近年書かれた論文もある（堂坂日出夫「小林権大夫正利坐像についての考察」）。この論文からさらに詳細な正利の地位、人となり等が読めるようである。

この像にははっきりと刻まれた文字や、特に家紋が多く刻まれ、さらに像の顔の表情や、正装したいでたちを加えると、正利の強い自己顕示的な思いが読み取れるという。一般的に、あるいは桝井山松連寺で開山僧の寿像が開山した寺に置かれることをみて、観音堂を開基した自分の寿像も安置したいという恣意が強く働いたのではないだろうか。像の背、右袖側面、左袖側面の三ヶ所には、

三代續統領主

源姓小林氏權大輔正利

（大きな家紋）　壽像

正利院殿容散成石居士

武州多麻《ママ》郡百草村桝井山觀音堂開基

宝永五戊子年八月十五日生年七十四歳造立之

としっかりと刻まれている。

ちなみに、この小林一族は「藤原姓」（『寛政重修諸家譜』）と思われる。しかしある時より「源姓」を称しており、観音堂に寄進されたものや自分の墓塔にも源姓を用いている。考えるところがあったのであろう。

## 2　逆修墓塔建立

さらに小林権大夫正利は石造寿像を造り上げた五ヶ月前、菩提寺である江戸麹町浄土宗常栄山心法寺（東京都新宿区）に、自分の墓塔（寿塔・逆修墓塔）を建立した。父正綱墓塔の隣である。正面には実際に亡くなった年月日と法名が記されているが、裏面にはその三年前の年月日と逆修の文字が彫ってある。

正面の銘

寳永八辛卯年

写真38　上：小林正利墓塔正面　下：同塔裏面　東京都新宿区

正利院殿容散成石居士

三月廿三日

裏面の銘

寳永五戊子天

源姓小林氏権大輔正利逆修

二月八日生年七拾四歳建置之

七十四歳という年齢から間近と考えた死を見据えた準備であろう。逆修塔建立後、墓塔正面の銘にあるように、宝永八年（一七一一）三月二十三日[54]に亡くなった。

余談であるが、正利の法名から、性格は明るく、洒落に富んだ人物のようにも感じられる。勝手な解釈であるが、身体は散じて石と成る、と考えていたのだろうか。その石は、逆修塔や墓塔の石になったとか、自分の寿像を作るにしても、木像でもいいであろうが、石を使うことをすでに考えていたこともあって、これらをもじって石となるのだ、と冗談っぽく法名を付けたものかもしれない。

## 3　庚申塔造立

桝井山観音堂から少し坂を下って、倉沢川を越えると台地となる。万蔵院台という。先述した八幡宮の鍵を過去に預かっていた修験道場の万蔵院のあるところである。この台地の上の庚申塚に庚申塔群がある。そのなかでも特に質の良い石で、完全な形、すなわちまったく欠けや像の省略のない、青《しょう》面金剛《めんこんごう》像と、庚申塔としても珍しい全身を表わした立ち姿の三猿を陽刻し、裏面の刻字もはっきりしている高さ七十四センチメートルの庚申塔がある。銘を読むと、

宝永七庚寅歳二月吉辰

写真39　上：小林正利建立の庚申塔正面　下：同塔裏面
東京都日野市

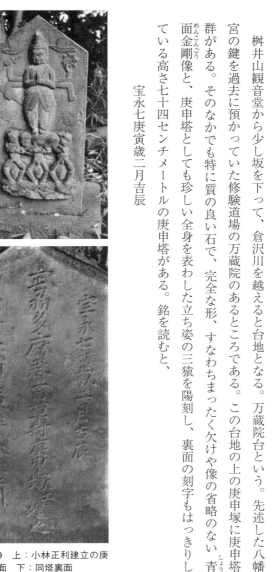

武刕多麻郡《（ママ）》百草村庚申塚ェ建之
当村三代領主源姓小林氏正利

とある。宝永七年（一七一〇）二月であるから正利が心法寺に逆修塔を建てたちょうど二年後、石像を造った一年半後、亡くなる一年前であった。さいわいまだ天から生を与えられている、まさに自分で決めた生前にやるべき事を着々と行なっている感じである。

しかし、「観音堂開基」の石造寿像といい、逆修塔といい、庚申塔といい、それらの開眼供養や新しく出発することとなった桝井山観音堂の開基・開山の供養といい、おそらく光鑑元如が関与していたと思われるが、そのことはまったくこれらの石造物の銘からは感じられない。あり得ないことのように思われるが、光鑑と関係のない独立した行動だったのであろうか。またこのころの松連寺は鳥取藩に関係してくることもありながら、小林氏にはそれが感じられない。いくらか奇異である。もしかしたら心法寺の宗派である浄土宗的にそれぞれの事を行っていたのかもしれない。かなりの謎である。小林正利らの日記・記録などの発見を待ち望みたい。

# 第九章　百草観音堂に残る僧形木像の主は誰か

第六章の最後に、「ではこの僧形木像の主は誰なのか」と問いかけた。禅海庵が松連寺に譲られ、天柱元磉《てんちゅうげんそう》像も移ってきたことから、現百草観音堂に残る二体の僧形像をめぐる争論に新しい展開があった。実際、像の主は誰なのかをここで探ってみたい。

言い伝えられていた慈岳山松連寺の開基者、小田原城主・江戸幕府老中大久保加賀守忠増の室で、次代城主忠方《ただまさ》の養い母、寿昌院慈岳元長尼の寿像は、おそらく廃寺になる明治のごく初期まではあった、ということに間違いはないだろう。しかし第六章で、各種の理由からこれら僧形寿像の小さいほうの寿昌院の像といわれていたものは、筆者は寿昌院のものではないと結論した。さらに伝えられている慈岳山松連寺勧請開山僧慧極道明《えごくどうみょう》あるいは慈岳山松連寺再中興開山僧北宗元揮《ほくしゅうげんき》の像も存在しただろう。では、いま百草観音堂にある寿像の主は誰なのか。候補はこの慧極、北宗二人に加えて禅海庵から移された天柱、そして桝井山松連寺開山の光鑑元如の合計四人となる。慧極像の可能性については、各地にある黄檗寺の慧極像の比較からもその適否が論じられた。その結果は、不明という結論が出ている。筆者の考えを示す。

## 1　禅海庵開山僧天柱元磔の像である可能性

像の一体は天柱元磔の像である、という可能性を検討した。

まず天柱は前述のように、桝井山松連寺の追請開山僧であると考えた。すなわち江戸市谷谷町《いちがやたにまち》の禅海庵を開山した天柱は、桝井山松連寺が開山される四年前の元禄九年（一六九六）に示寂した。松連寺が開山された三年後の元禄十六年（一七〇三）、禅海庵が松連寺に譲られた。そのとき、前述のように禅海庵にあった天柱の寿像を松連寺に移している。そこで松連寺の住持光鑑元如は兄弟子天柱を敬って、松連寺中興追請開山の栄誉を奉った、と考えた。

その八年後の正徳元年（一七一一）、禅海庵が松連寺から分離され、再び江戸市谷に戻った。次の年、山号・寺号が許されて禅海山涼月寺となった。しかし、その後に記された涼月寺の仏像・什物リスト（小林ら『江戸黄檗禅刹記』および「『江戸黄檗禅刹記』研究一—美術品台帳編—」）のなかには、天柱の木像寿像の記載がない。ただし肖像画（頂相《ちんそう》）はあった。寺にとって開山僧の寿像は非常に大事なもので、もし存在すれば、必ずこれらのリストには記載されると考えられる。このことから、天柱の木像寿像は松連寺から禅海庵に戻っておらず、おそらく桝井山松連寺に残されたと思われた。その松連寺が無住あるいは廃寺になったために涼月寺からの天柱寿像についての問い合わせに答えられない状況となっていたのではないだろうか。ところが黒瀧派の僧の像、すなわち天柱の像は、これまでの領主小林家ゆかりの百草桝井山観音堂に移され、安置されたと考えられる。領主とかなり近い存在であった村人の意思と信仰とで長い年月守られ、明治初めの寺院にまつわる混乱があったときでもこの地に残されたのではないだろうか。

また禅海庵を開山した僧であるなら、この木像が払子を持っていたことにも開堂衣を着ていることにも矛盾はない。

以上のことから百草の地に残る僧形木造寿像のうち一体は、天柱のものである可能性が非常に高いと考えた。

## 2　桝井山松連寺開山僧光鑑元如の像である可能性

これらのことから、もう一体の像は光鑑元如のものである可能性がかなり高くなったと思われる。それは現実に桝井山松連寺を開山したのは光鑑であり、寿像をつくった可能性は非常に高い。また払子を持つことにも、開堂衣を着ていることにも矛盾はない。

さらに天柱元礎で述べた理由と同じく、小林家ゆかりの観音堂に残されたものと考えられる。

当地百草には各種の文書やそれらの写しや言い伝えはかなりあるが、それらのほとんどは慈・岳・山松

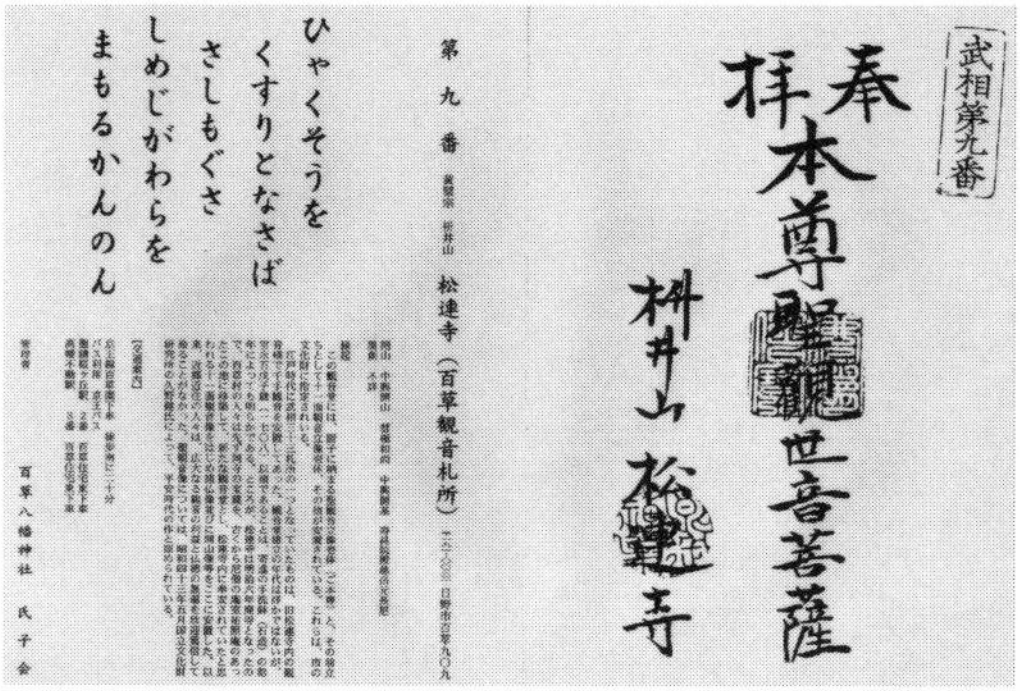


写真40　現在に残る桝井山松連寺札所、百草観音堂
東京都日野市

連寺に関するものである。しかし仏像・什物などは、慈岳山松連寺が明治の神仏分離のあおりを直接受けたため、ほとんどすべてが残っていない。それに対して慈岳山より古い寺のものは、慈岳山松連寺ができたことでむしろ寺内とは違う場所、桝井山観音堂に移され、百草の地の遺産として村人などによって保護され、残されたと考えられる。それはこの観音堂が、現在も武相観音札所第九番として慈岳山ではなく桝井山松連寺の名で残されていることからも想像できる。村人に守られてきたからこそ今に残っていると思われる。たまたま文書史料には僧形木像のことも含めて慈岳山の事柄が多いため、これらの像が慈岳山関係のものと間違われた可能性が大きいと思われる。先に紹介した紀行文にも「大久保家開基の尼公像今本堂に有」、しかも「長け（丈）弐尺斗り」、と観音堂にある小さいほうの像とほぼ同じ大きさを書いていることで間違われた可能性もある。

　小林正利は「桝井山観音堂開基」などの文字を彫った自分の寿像を石で造ったが、小林家自体が百草の領主ではなくなったために、近くにあったもう一ヶ所の領地、武蔵国下小田中村（川崎市中原区

写真41　桝井山（百草）観音堂内安置僧形木倚像二体　大きいほうは天柱元礫、小さいほうは光鑑元如の像と考えた

下小田中）の曹洞宗福聚山全龍寺に移されたのであろう。そうして今に残り保存されているのであろう。

このようなことから、桝井山観音堂に残っていた僧形の木像は、桝井山松連寺に関わる二人の僧で、二体とも潮音道海を直接の師とする天柱元礫と光鑑元如のものであると考えた。そしてもう少し想像すると、大きいほうは天柱像と考えられる。元々、禅海庵のものであり、その檀越あるいは援助者は三十二万五千石の大藩、国持大名鳥取池田藩である。支藩のほうで造ったとしても三万石。ちなみに、東京上野の東京国立博物館入口の傍らに大きな屋敷門が池田本藩の江戸屋敷の門である。この大きさ、荘厳さを見れば、その大藩ぶりは想像できる。

これに対して、小さいほうのものは光鑑の像と考えられる。援助者は四五〇石の小身《しょうしん》の旗本であることが、この像が小さい理由かもしれない。

筆者の考察の結果は、これまで言い伝えられてきた木像の主、寿昌院慈岳元長尼や慧極道明あるいは北宗元揮の寿像ではないということになる。伝承とまったく異なる結果となった。これら二体の像の修理時には、像の主がわかる墨書や何らかのしるし、胎内収納品は見つかっていない。したがってさらなる詳細な検討が必要であろう。

# 第十章　桝井山松連寺を出てからの光鑑元如

桝井山松連寺の檀越である百草村領主・旗本小林権大夫正利の嫡男正與《まさよし》が正徳元年（一七一一）五月二十五日に遺跡を継いだ。彼は後の正徳三年（一七一三）に不行き届きの事があって、大番から小普請に配置換えされた。さらに翌四年には前述のように、地元百草村領民との殺人事件がからむいさかいがあり、幕府の裁断で百草村から越前国丹生郡へ領地が移った。以後、百草村は天領となり、幕府代官の支配地となっている。おそらく、このように檀越がいなくなり、桝井山松連寺は立ち行かなくなったのではないか、そのとき光鑑元如はこの寺を去ったのではないかと思われる。

## 1　光鑑元如の史料空白時期の活動を推定

松連寺を出てから十五年間のうち、あとのほうの八、九年ほどは、後述のように概ね判明したが、松連寺を出てすぐの六年ほどはどこにいて何をしていたのであろうか。これらは今後の調査によるしかないが、どこでどうしていたかを推定してみた。

写真42　星川浄寿の墓塔　土面傾斜は稲荷塚古墳　東京都多摩市

推定① 黒瀧派本山黒瀧山不動寺に戻る

武蔵国百草村を出たのはおそらく正徳四年（一七一四）。百草村を出てそのまま黒瀧山不動寺へ戻ったとすれば、先達指導者のような形で不動寺に六年ほど滞在したと考えられる。不動寺は派の本山で、そのころ一〇〇前後の末寺を持っていたから、事務仕事もかなりあったと思われる。修行と事務作業と、自分の弟子あるいは修行中の求道者への指導をしながらの日々であったか。

推定② まず百草村飛び地で住持となる

百草村の飛び地が現日野市の隣、現多摩市百草にある。距離的にはごくごく近く、歩いて三十分ほどである。ここに稲荷塚古墳があり、その麓に墓塔が一基のみポツンと立っている。銘は、

當山第二代星川壽大和尚　覺位
享保十五庚戌年
宮野氏立焉

十月廿五日

「星川壽」というのは、黄檗宗黒瀧派祖潮音道海の一番弟子鳳山元瑞の弟子で、宝永五年（一七〇八）十二月八日に印可を受けている星川浄寿《せいせんじょうじゅ》である。鳳山実質開山、勧請開山潮音の陸奥国白河白雲山龍興寺で四代目住持になっている（龍興寺位牌）。享保十五年（一七三〇）十月星川は示寂の約三ヶ月前に、三人目の弟子観源衍性《かんげんえんしょう》(55)に法を継いだ。弟子は三人で他の二人はそれ以前に嗣法している。弟子への嗣法の年月や龍興寺住持の代数から考えると、示寂したときは龍興寺にいたと思われる。

星川は龍興寺へ行く前のいつの頃かこの多摩郡百草村飛地の「當山」黄檗寺にいたものと考えられる。この「當山」という黄檗寺は「資福院」ではないか、この古墳の周辺にあったのではないか、と多摩市の資料に記されている（『消えた寺が語るもの―多摩市の廃寺と寿徳寺の周辺―』）。「資福院」という名の根拠は明和三年（一七六六）の『宗門改帖』の記載事項からである（「歴史のさんぽみち」『多摩広報』）。

江戸白金禅宗　瑞聖寺　末

八右衛門組

資福院　三十二歳

資福院は『近世黄檗宗末寺帳集成』に載っていない。資福院は、正徳四年（一七一四）に松連寺を出た光鑑元如のために百草飛地の住人が寺地を用意し、光鑑が開山したのではないか、光鑑はしばらくここにいて、享保年代に入って故地、上野国へ行ったのではないか、その後に星川が二代目としてこの寺にしばらくいたのではないだろうか、との考えがある。しかし、もしそうなら瑞聖寺末ではなく黒瀧山不動寺の末寺であってもよいだろう。

また松連寺の隠居寺であれば、他の僧侶の墓塔がもう少しあってもいいと思う。さらに同時期にすでに存在している瑞聖寺末で小田原藩を外護者に持つ慈岳山松連寺歴代墓塔がかなり小さめであるのに対し、「宮野」氏[56]の作った星川の墓塔は非常に大きくて立派である。また慈岳山松連寺には塔頭や末寺はないため、資福院が松連寺の隠居寺であることは否定できるだろう。もしかしたら、もともと芝白金紫雲山瑞聖寺の末寺として、享保三年（一七一八）から瑞聖寺住持もしていた鳳山が開山したものかもしれない。そうであれば光鑑が百草から出るときこの寺はなかったことになる。

以上、光鑑の史資料上空白の時間をこのように二つ考えてみたが、「推定②」はむしろ百草飛び地にあった資福院に対する日野市百草での言い伝えのようなものを否定しただけだったかもしれない。いずれも確証はまったくなく、今後の研究課題であろう。

## 2　光鑑元如、黒瀧派本山不動寺の十八代住持となる

### 光鑑元如と再び巡り会う

現長野県御代田町の浅間山普賢寺ご住職の勧めにより、黒瀧山不動寺へ赴いた。車を持たない筆者がこの山奥へ行くのはかなりの決心を要したが、幸い車を運転してくれる友がいた。最後は山へ向かってつづら折りの細い道を行き、中腹の黒瀧山不動寺にたどり着く。まさに秘境といっていいだろう。岩山の途中に平場が築かれ、急崖と急崖の間に長い年月を経た奥ゆかしい多くの堂宇が見える（南牧村指定史跡）。不動寺は黄檗宗宇治本山黄檗山萬福寺の末寺で、塔頭緑樹院の所管下にあって、また黒瀧派（潮音派あるいは緑樹派）の本山であった。

不動寺の末寺はいっとき二〇〇余あるといわれた。時代は下るが、黄檗本山の名簿によれば三十二ヶ所である（『近世黄檗宗末寺帳集成』）。しかし実は、宇治本山では末端までの寺院を把握していないことがあり、抜けているものも数多くあるようである。また本山でまとめた頃にはすでに廃寺となったものもある。桝井山松連寺は黄檗本山に記録がない。黒瀧派本山にもその記録がない。潮音道海ゆかりの寺院リストでもっとも詳細で素人にも分かり易く書かれた正満《しょうまん》英利氏の著書『緑樹』には、全部で二四七寺院が廃寺も含めて掲載されているが、ここにも桝井山松連寺の記載はない。

不動寺不動堂前の各種仏教的な物の販売場所に正満英利氏著のさらに簡単にまとめた『黒瀧開山潮

写真 43　宇治本山黄檗山萬福寺塔頭「緑樹院」　京都府宇治市
写真 44　黒瀧山不動寺開山堂　群馬県甘楽郡南牧村

音道海禅師』という冊子を見つけた。これの最後のページに不動寺歴代住持の名前が載っていた。

ここに武蔵国小農山村のひとつ百草村の領主旗本小林正利が中興創建した桝井山松連寺開山僧で住持の光鑑元如の名が載っていたのである。まったく予想していなかったため、これには非常に驚いた。現在の日野市の一般歴史愛好者の間でも、地方の小寺院の名も知れない黄檗宗の一僧侶と考えられていた光鑑が天下の黒瀧派本山不動寺の十八代住持になっていたというのだ。ここで光鑑に対する認識が一挙に変わった。開山堂に入ると歴代の名が順を追って書かれた木板があった。またほぼ字の消えかけた歴代継席の位牌のうち「第十八代」から「第廿三代」が一枚になったものがあった。確かに「第十八代光鑑亀和尚」とある。外へ出て境内を見たら、近年建てられた御影石の「歴代」が「六十五代」まで刻まれた碑にも、「十八代光艦《（ママ）》元如」と記されている。

## 光鑑元如が不動寺十八代住持になった時期の推定

光鑑がいつ不動寺の住持になったのかははっきりわからないが、時期を推定してみた。ちなみに、光鑑と一緒に潮音道海から嗣法した他の四人の僧は、黒瀧派本山の住持になっていない。また十八代の光鑑が不動寺住持のなかで、潮音最後の直弟子である。(57)

写真45　開山堂内位牌「當山継席　第十八代光鑑亀和尚」という文字が見える

不動寺では、十八代住持が光鑑であることはもちろんわかっていたが、いままで聞いたこともない武蔵国多摩郡百草村の桝井山松連寺を開山し、住持をしていたことはまったく未知であったようである。

光鑑はいつ不動寺の住持になったのか。不動寺初代潮音道海は、延宝三年（一六七五）八月から元禄八年（一六九五）八月の示寂までの二十年間、住持として、また黒瀧派祖として弟子の育成や黄檗宗やその文化の発展に尽くしてき

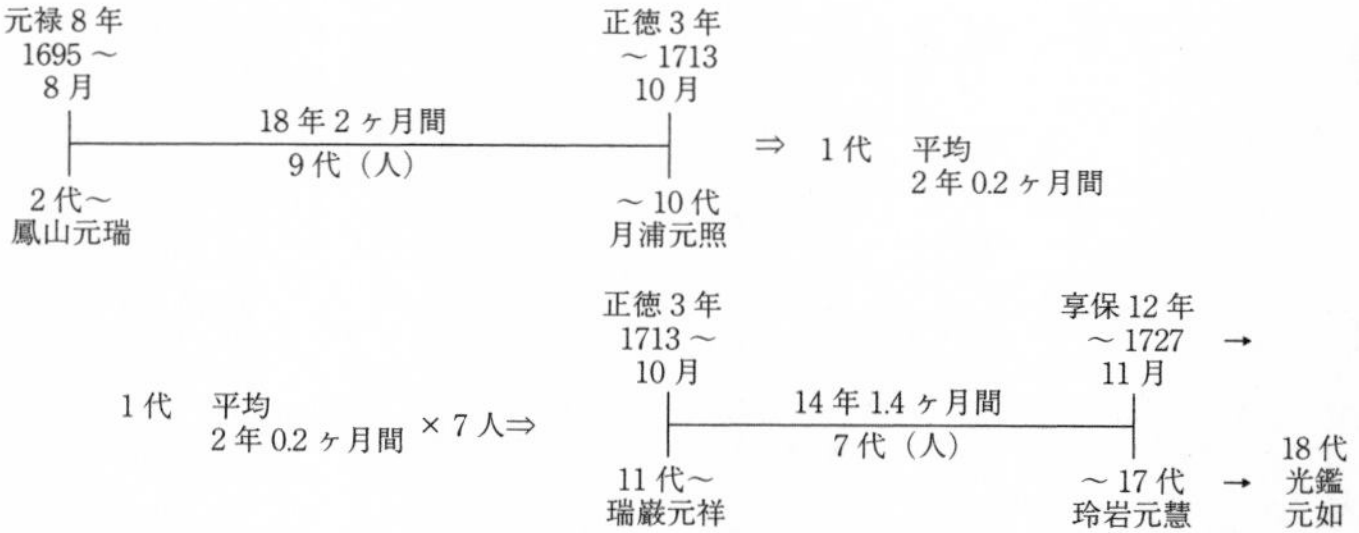


図５　不動寺２代から10代の平均在住年月計算に基づく17代の任終了年月（18代光鑑元如の任務開始時期）

た。その後の不動寺の住持が任にあった年月は不動寺の記録にあると思われるが、実際に存在するのかどうかについては不明である。他の文書や参考書に少しでも記録（『緑樹』『黄檗文化人名辞典』）のある僧とそれぞれの勤めた年月は以下の通りである。二代鳳山元瑞《ほうざんげんずい》は、派祖潮音示寂の元禄八年八月から元禄十年（一六九七）九月までのおよそ二年二ヶ月間、三代碧湖元達《へきこげんたつ》は、元禄十年九月から元禄十二年（一六九九）秋までのおよそ二年間。四代覚照元宗《かくしょうげんしゅう》は、元禄十二年秋から十五年（一七〇二）秋までのおよそ三年間、十代の月浦元照《げっぽげんしょう》は正徳元年（一七一一）から正徳三年（一七一三）十月頃までのおよそ二年間である。

二代が元禄八年八月からということと、十代の月浦が正徳三年十月までであったことから、平均在任期間を計算してみた（図５参照）。旧暦を考えると複雑になるためあくまで概算である。

すなわち、十八年二ヶ月間で九代（人）であるから、一代（人）平均約二年〇・二ヶ月間となった。

この平均年数を十七代までに当てはめて計算すると、十代終了の年は正徳三年十月で、その後十一代（瑞巌元祥《ずいがんげんしょう》）の始まりから十七代（玲岩元慧）終了まで七人の住持となる。七人×二年〇・二ヶ月の計算結果は約十四年一・四ヶ月となる。すると正徳三年十月から十四年一・四ヶ月あとは享保十二年（一七二七）十一月頃となる。このことから光鑑が不動寺の住持となったのはおおよそ享保十二年から十三年ごろということになる。[58]とすると次項に示す光鑑の示寂年享保十四年まで不動寺の住持であったかもしれない。

次項でもう一度触れ、筆者なりに確定した。

## 3　上野国邑楽郡眞福山寶林寺中興四代住持となる

### 眞福山寶林寺の概要

眞福山寶林寺は、上野国邑楽郡《おうらぐん》新福寺村（群馬県邑楽郡千代田町）にある。もと臨済宗の古刹であった。鎌倉巨福山《こふくさん》建長寺を退院した大拙祖能《だいせつそのう》、諡号広円明鑑が鎌倉時代末期の徳治元年（一三〇六）に開創したという。南北朝時代の北朝年号永和年中（一三七五〜一三七九）といういい伝えもある。大拙の年齢から考えれば、永和年中開創のほうが正しいだろうか。この寺が非常に荒れて、ちょうど再建が望まれていた。江戸大慈庵で潮音道海の法話を聞いて思うところのあった須田七郎兵衛政

写真 46　上：寳林寺の以前の山門写真　寳林寺蔵　下：現在の山門　群馬県邑楽郡千代田町

本・吉田六左衛門宗信・吉田四郎兵衛・栗原助左衛門・森田権右衛門らが中興開基となって、寛文七年（一六六七）二月十五日、潮音を寳林寺に迎え、中興開山した（『黒瀧潮音和尚の年譜』『緑樹』）。

ここでの潮音の評判から、前述のように、上野国館林城主徳川綱吉開基、潮音の実質開山、木庵《もくあん》性瑫《しょうとう》勧請開山の萬徳山広済寺が同じ年に創建された。このような経緯から潮音はのちの将軍綱吉やその母桂昌院の知遇を得た。

天和三年（一六八三）六月、館林萬徳山広済寺は二代藩主夭折による館林藩改易、潮音退寺により廃寺・取り壊しとなった。そこで仏像・什物とともに梵鐘を寳林寺に預けた。その二十五年後、名前を引き継いだ江戸の萬徳山広済寺（以前の大慈庵）との間にその梵鐘の所有について問題が生じた

写真47　寳林寺墓地全体　正面中央塔が初期開山僧大拙祖能、その左が光鑑元如塔

が、寳林寺に残ることになって今に至っている。この鐘には広済寺へ奉納されたときの銘文がはっきりとそのまま残っている（旧国重要美術品・千代田町指定重要文化財）。

元禄三年（一六九〇）、寳林寺の堂宇はことごとく成ったが、残念なことに幕末、慶応二年（一八六六）、火災に遭い、ほぼすべてのものが烏有に帰した（『群馬県邑楽郡誌』）。したがって潮音寿像も文書もなく、歴史解明が困難になっている。[59]

寳林寺は黒瀧派の中で由緒あるお寺のひとつとなった。ここで住持になった僧の多くは、黒瀧本山の住持になっている。[60]末寺には、今は廃寺になっている上野国新田郡の赤城山宝源寺（『近世黄檗宗末寺帳集成』）、同国同郡四天王山臥龍庵（『緑樹』）と同山田郡観音堂（『緑樹』）がある。

## 光鑑元如に再々度巡り会う

寳林寺は館林の萬徳山広済寺の仏像・什物を預かっていた。そのひとつである梵鐘を見学する目的でここを訪れたところ、筆者は図らずも光鑑元如の墓に出会ったのである。黒瀧山不動寺でのような偶然の巡り会いが再びあったことに驚いた。

写真 48　左：光鑑元如和尚塔表側　右：同塔裏側

その墓塔銘から、光鑑は寶林寺中興第四代の住持になっていたこと、享保十四年（一七二九）、己酉《つちのととり》[61]の年九月一日に示寂していたことがわかった。

墓塔銘　（表側）當山中興第四代光鑑元如
　　　　　　　　老和尚塔
　　　　（裏側）享保己酉十四年九月朔日

光鑑が寂したのは、桝井山松連寺を出たと思われる正徳四年（一七一四）から十五年後のことであった。

## 光鑑元如の黒瀧山不動寺と眞福山寶林寺住持の時期の推定

光鑑は住持をしていた不動寺を退寺して、そこから寶林寺へ来てここで示寂したか、あるいは反対に、寶林寺の住持のとき不動寺住持兼任となり、享保十四年に寂したか、それぞれが考えられる。しかし前項に記したように不動寺で住持になったと考えた年、享保十二年（一七二七）あるいは十三年は示寂年のほんの少し前である。それ故、光鑑が寶林寺の住持になったのは、おそらく不動寺住持就任以前と思われた。

寶林寺中興二代大心元光は潮音の命で延宝三年（一六七五）に寶林寺の住持になっており（『黒瀧潮音和尚の年譜』[62]）、宝永二年（一七〇五）五月十四日示寂のときまでのおよそ三十年間ここにいたと思われる。そのあと引き継いだ寶林寺中興三代の朗山浄日示寂の年は享保十五年（一七三〇）十二月二十一日と、中興四代の光鑑の寂した年よりも一年あまり遅い。また宝永三年（一七〇六）十一月、宝永四年七月と享保六年（一七二一）二月に弟子に嗣法している（一部『黒瀧宗鑑簿』[63]、一部『黄檗文化人名辞典』）。これらのことから、四代の光鑑は、三代朗山の生前に寶林寺住持を譲られたと思われ、寶林寺住持になったのは享保六年三月以降、光鑑の最初の弟子への嗣法の享保九年（一七二四）より前のことと考えられ、示寂の享保十四年（一七二九）までその任にあったと思われる。享保六年であれば、三代朗山が寶林寺住持であったのは十六年ほどとなり、光鑑は八年ほど寶林寺にいたことになる。

そして寶林寺住持のときに、結果としては示寂二年前、前項に示したように享保十二年（一七二七）頃、黒瀧山不動寺の住持を兼任し、いっとき寶林寺に監寺任務の僧をおいて勤めていたのではないだろうか。黒瀧山不動寺の住持はいわば輪住（番）制であるためこういうことも考えられる。光鑑のあと中興五代の住持は大通元聡《だいつうげんそう》（『寺院録』[64]）である。

## 4　光鑑元如の弟子判明

黄檗本山の記録（『黄檗文化人名辞典』および『黄檗宗鑑録』）では、光鑑元如の弟子について記載が欠如していて明らかでない。しかし、光鑑に弟子が少なくとも二人いたことが黒瀧派本山不動寺に残る『黒瀧宗派簿』および『緑樹』から判明した。

ひとりは写真14でみた一翁浄麟《いちおうじょうりん》で、光鑑からの嗣法は享保九年（一七二四）十二月十七日である。享保九年は、桝井山松連寺を退寺して百草村から出た、と考えられる正徳四年（一七一四）から十年後、光鑑示寂の五年前のことである。もうひとりは慈眼浄覚《じげんじょうかく》（『緑樹』）で、もう少し後の嗣法であろう。寳林寺に移った時期の推定から、あるいは光鑑の経歴から、弟子二人への嗣法は眞福山寳林寺でのことと考えられる。

ここまでのことから光鑑の年譜をまとめてみる。

## 5　光鑑元如の年譜

○万治三年（一六六〇）頃か、寛文六年（一六六六）頃か

光鑑元如、誕生

○延宝六年（一六七八）頃か、貞享元年（一六八四）頃か

光鑑元如、黒瀧山不動寺に入門

○元禄八年（一六九五）正月十五日

光鑑元如、潮音道海から嗣法

○元禄九年（一六九六）二月三日

天柱元磉、示寂

○元禄十三年（一七〇〇）月日

光鑑元如、武蔵国多摩郡百草村桝井山松連寺開山、初代住持となる

光鑑の寿像安置か

○元禄十四年（一七〇一）五月日

光鑑元如、『武州多麻郡百草村桝井山正八幡宮伝紀』を著す

○元禄十五年（一七〇二）二月十七日

領主小林正利の嫡子正與、「桝井山松連寺観音堂」の扁額を奉納

○元禄十六年（一七〇三）月日

光鑑元如、江戸市谷町の禅海庵を二代宜孝浄慶から譲り受ける

天柱元礫の寿像も松連寺に移す

○宝永四年（一七〇七）九月二十九日

禅海庵から松連寺に移った海眼院江月浄輪、寂す

このとき松連寺に天柱元礫のものとともに墓塔造立か

○宝永五年（一七〇八）三月二十日

海眼院の遺産の一部を松連寺に寄進することに関し、鳥取藩から許可される

○正徳元年（一七一一）月日

禅海庵、松連寺から出て再度、中興する

○正徳二年（一七一二）月日

禅海庵が禅海山涼月寺となる

○正徳四年（一七一四）八月五日

百草村領主・松連寺檀越小林家、百草村領地分を越前へ移される

このとき、あるいはすぐ後に光鑑元如も松連寺退寺か

○享保二年（一七一七）九月日

（桝井山松連寺跡地に慈岳山松連寺が、寿昌院らにより中興開基される）

○享保六年（一七二一）二月以降、九年（一七二四）以前か

光鑑元如、眞福山寳林寺の中興四代住持となる
○享保九年（一七二四）十二月十七日
光鑑元如、弟子一翁浄麟へ嗣法
○享保　年月日（享保十年から同十四年の間）
光鑑元如、弟子慈眼浄覚へ嗣法
○享保十二年（一七二七）ごろ
光鑑元如、黒瀧派本山黒瀧山不動寺の十八代住持を兼任か
○享保十四年（一七二九）九月一日
光鑑元如、示寂

光鑑が潮音から印可を受けてから約三十四年間の生涯であった。桝井山松連寺へ来てから出るまで約十四年間、松連寺を出てから十五年後に示寂している。かなりの時間を松連寺に捧げたということがいえるだろう。松連寺の十四年間の軌跡は禅海庵を預かったこと以外は今のところまったく不明である。通常のおつとめをしていたこと以外に他の何かがあれば、また面白い発見になるであろうが、今後の課題である。

なお、関係者たちも含めた年表を本著巻末に示した。

| | | | |
|---|---|---|---|
| 万治 6 年 | 1660 | | 誕生？ |
| 寛文 6 年 | 1666 | | 誕生？ |
| 延宝 6 年 | 1678 | 修業時代 | 不動寺入門？ |
| 元禄 8 年 | 1695 | | 潮音道海から嗣法 1/15 |
| 元禄 13 年 | 1700 | ↑ 松連寺在住時代 | 桝井山松連寺開山 |
| | 1701 | | 寿像造立か |
| | 1702 | | |
| 元禄 16 年 | 1703 | | ・禅海庵、松連寺に合寺 |
| | 1704 | | ・禅海庵開山僧天柱元磉、 |
| | 1705 | | 松連寺の勧請開山に |
| | 1706 | | |
| | 1707 | | ・海眼院、寂す 9/29 |
| 宝永 6 年 | 1708 | | ・海眼院の遺産一部を松連寺に 3/20 |
| | 1709 | | |
| | 1710 | | |
| 正徳元年 | 1711 | | ・禅海庵、松連寺から分離 |
| | 1712 | | |
| | 1713 | | |
| 正徳 4 年 | 1714 | ↓ | 松連寺から退去 |
| | 1715 | 行動不明時代 | |
| | 1716 | | |
| | 1717 | | |
| | 1718 | | |
| | 1719 | | |
| | 1720 | | |
| 享保 6 年 | 1721 | ↑ 寳林寺在住時代 | このころ、寳林寺中興 4 代住持となるか |
| | 1722 | | |
| | 1723 | | |
| 享保 9 年 | 1724 | | ・弟子一翁浄麟へ嗣法 12/17 |
| | 1725 | | |
| | 1726 | | ・このころか弟子慈眼浄覚へ嗣法 |
| 享保 12 年 | 1727 | ↑ | |
| | 1728 | 不動寺 18 代住持を兼任か | |
| 享保 14 年 | 1729 | ↓ ↓ | 示寂 9/1 |

図 6　光鑑元如の軌跡図

# おわりに

武蔵国多摩郡百草《もぐさ》村にあった桝井山松連寺の跡に中興された慈岳山松連寺については、外護者が大身大名、開基がその大名夫人であるためか、また幕末まで長く続いたためか、村明細帳などや地誌、紀行文など多くの史資料に登場する。また黄檗《おうばく》本山の『近世黄檗宗末寺帳集成』にも記載されている。

これに対して正徳四年（一七一四）に無住か廃寺になった桝井山松連寺のほとんどは一般に知られていなかった。しかし開基の百草村領主旗本小林権大夫正利や一族が残した仏具・手水鉢・庚申塔・観音堂・観音堂の扁額など多くの遺物がある。反対に文字から成る史資料の多い慈岳山松連寺の遺物はほとんどない。

また桝井山松連寺開山僧である光鑑元如《こうかんげんにょ》の師、潮音道海《ちょうおんどうかい》が関係するいわゆる黄檗宗黒瀧派（緑樹派）の寺で、武蔵国多摩地方のこの寺は黄檗宗宇治本山黄檗山萬福寺の延享二年（一七四五）調査時期にはすでに存在しないためか記載されていない。黒瀧派本山不動寺ではおそらく知られていたはずであり、黒瀧派の成立時期からしても末寺として記録されてもいいはずであるが、記録が残っていないようである。これには、

①この寺は元禄期から正徳期初期にわたるわずか十四年間しか存在しなかったこと、

②開基・檀越の旗本が故あって百草の領地を出なければならなかったこと、さらに

③師潮音が生きているころに活躍した弟子の開いた寺ではなかったこと。すなわち光鑑は師の示寂寸前に法を嗣いで、その後に活躍した僧であるためか師の行状などの記録に載っていなかったこと、

④黄檗本山の末寺などの記録集成がずっと後の時代であったため、この寺の記録は洩れてしまったこと、

などが原因であったと思われる。

しかしこのようなお寺であっても、黄檗の炎が燃え上がったときにそれを受けて、新しく燃やされていたことが明らかになった。

上野国を拠点とする潮音の弟子が、何らかのつながりがあってこの武蔵国多摩郡百草村にやってきた。事情があって比較的短期間であったが、ここで歴史をつくり、また住持光鑑はその後も潮音派の枢要な寺での勤めを果たしてきたこともわかった。

光鑑ばかりでなく、兄弟子である天柱元瑔《てんちゅうげんそう》や彼が開山した江戸府内の寺院禅海庵（のちの禅海山涼月寺）との関係、因幡・伯耆の国持大大名池田鳥取藩とも関係するような事実もわかった。

そして彼ら和尚たちは自らの寿像によっても「私たちはここに居たのだ」ということを今の私たちに語っているように思われる。

本著は、推定（仮定）記事が多くなってしまった。これは宿題をたくさん残したもの、仮説を披露

したものと思っていただいて容赦していただきたい。またこれら考えや推定の個所については異論も多いものと思う。しかし今後も新しい史資料を見つけ、新しい遺物などから新知見の発見と事実の解明を進めていきたい。

テーマの一黄檗僧の軌跡とはいくらか外れるが、「はじめに」に記したように元禄時代の小領主旗本小林権大夫正利の寺院創建・中興の意味は何だったのであろうか。これに対する答えの一つは、やはりまずはその時代の一般的なことである信仰心であろう。荒れていた寺域を甦らせ、それによって生前の安寧と没後の魂の安寧を得たいということと思われる。しかも日本人的でそれには宗派に対する拘泥はないようである。もう一つは政治的なことであるが、大きなものに「宗門改め」があるのではないだろうか。百草村での宗門改めは村内に寺院がなかったため、他村の寺で行われていた。このことから領主としては領民を把握するため、松連寺を徐々に村民の菩提寺化することを図ったのではないだろうか。(65)

【註釈】

（1）黄檗宗は、江戸時代には臨済宗黄檗派とか、臨済正宗《しょうしゅう》とかで呼ばれたが、黄檗宗という言葉はなかった。明治時代になってから使用された。しかし本著では時代にかかわらず黄檗宗と記した。三大禅宗のひとつで、鎌倉時代からの臨済宗、曹洞宗に加えてのものである。

（2）年号のあとに括弧で示した数字は西暦で、本著では『日本史総合年表［第二版］』（吉川弘文館）に基づいた。

（3）桝井山松連寺の桝井という字は史資料によって表記が異なる。例えば桝井、枡井、舛井、増井、増威などがある。ここでは統一して桝井で表した。

（4）『桝井山正八幡宮伝紀』は桝井山八幡宮に奉納された時から現百草八幡神社に保管・所蔵されてきた。全文の写真と高幡山金剛寺（高幡不動尊）前貫主川澄祐勝和尚の解読分全文は『東京都日野市百草観音堂および百草八幡神社の文化財調査報告書』にある。なお、「市史編さんだより⑱」（『日野市広報』昭和五十四年八月十五日）に、冒頭部分の写真とともに初めて一般に報じられている。

（5）万蔵院は松連寺のある百草山を西へ下って、谷の反対側の万蔵院台地上にある修験道の道場である。由木氏が代々院主である。

（6）この天正年中は『桝井山正八幡宮伝紀』では天正辛巳（注：九年・一五八一）とある。そのときの百草の地は小田原北条家の領地であり、鎌倉の鶴岡八幡宮やその神宮寺塔頭と深い関係にあることもいわれてきている。

（7）文政十三年（一八三〇）はこの年十二月から天保元年と年号が変わっている。

（8）筆者の不注意からこの論考には記載年に大きな間違いがあったため、本著では正して書いた。

（9）正利の嫡男は小林正與である。この供物杯に書かれた領主嫡小林弥市郎正與の弥市郎という通称名は、実は『寛政重修諸家譜』に見当たらない。『寛政重修諸家譜』に書かれた通称は「百之助」「佐兵衛」「源四郎」と変わっていくが、弥市郎の名はない。しかし領主嫡とあること、正與とあることから正利の嫡男で次期領主である正與で間違いないであろう。小林氏一族で正與という字を書く名は彼しかいない。

（10）ちなみに小林正吉の父、正次は武蔵国入間郡・多摩郡の内に五〇〇石。正吉の長兄で正次の嫡男正直がこれを継ぐ。武蔵国多摩郡今井村相給で六十石、藤橋村相給で四十石、入間郡北野村相給で四〇〇石である。正次二男の宗次は廩米三〇〇俵、三男の正重は上野国新田郡で三五〇石、四男の正倫は廩米二〇〇俵、正吉弟で正次の六男正村、七男正信はそれぞれ二〇〇石であった。

（11）棟札の写しには小林兵左衛門正廣とある。実物の棟札では「兵」の字がはっきりしない。この名前と正綱との関係ある人物を『寛政重修諸家譜』から探すと、ひとりは正綱の弟正明の長子である小林権七郎正廣、もうひとりは正綱の弟小林兵左衛門正直がいる。字数から判断すると兵左衛門が正しいと見えることから、「写し」は「廣」と「直」とを読み間違えたと考えられる。したがってこの棟札は小林正綱とその弟の小林兵左衛門正直による八幡宮本地仏阿弥陀像の寄進に関わるものであろう。

（12）小林権大夫の抱屋敷があったという記載が『豊島区史』「資一－四一五」にある。

元禄年間（一六八八〜一七〇四）雑司が谷村小林権太夫抱屋敷成立。弘化三年新御番頭押田近江守抱屋敷となる。

(13)『御家人分限帳』によると「四百五十石　武蔵　権大夫の子　小林源四郎　子四十二」とある。この子年は宝永五年戊子《つちのえね》（一七〇八）となる。この子年に大番になったのは四月三日であり、年齢がそのとき四十二歳というから、死亡時の年齢から計算すると宝永五年で合う。三度目の大番復帰時の記録であることがわかる。『寛政重修諸家譜』によれば、元禄四年（一六九一）に一度大番となり、途中元禄七年（一六九四）、桐間番に移ったがその同じ年大番に復している。その間、采地や廩米を得たとかの記事はなく、その後の正徳元年（一七一一）に遺跡を継いでいることから、『御家人分限帳』に書かれた宝永五年の大番任命時には実際はまだ当主ではなく、四五〇石ではないと思われる。

(14)この事件の概要は『寛政重修諸家譜』に書かれている。

小林正與の家臣石坂藤八が不慮に正與の妹を殺害し、自殺した、という。このため正與が藤八の親族に罪科を負わせようとしたところ、親族やその他の農民らはこれを聞いて、そうではないのではないかと幕府に訴えた。この殺人は、実際は二人とも別人に殺されたとのうわさがあったからである。いろいろ調べられたが、藤八が殺したという証拠が出なかった。そこで主殺しは大罪であるが、疑わしいだけで罰することはできない。ということから故藤八に対しては沙汰無しとなった。親族らはお互いにその死を救おうと嘆き申すところやむを得ないとこれも沙汰無しとなった。しかしその他の農民らは主人の事を訴えるのは罪とされ、在所追放となった。藤八の親族らは、主人（領主）が采地にいてもつらいということから、また不始末のゆえ、懲罰的に采地改めとなり、越前国丹生郡《にう》への所替えとなった。

(15) 小林家の丹生郡での記事がある。丹生郡の糸生村《いとう》天谷《あまだに》（福井郡越前町）に陣屋を置いた。

『丹生郡誌』天谷陣屋

江戸旗本小林権大夫の管轄なり。初めは当区の駒新次郎が大庄屋と為りて之を支配せしが、大庄屋は隔年毎に江戸に参勤すべき規定なりければ、其煩に堪えざるを以て陣屋を此邑に設置したるなり。而て其の領分は天谷・宿堂・別所〈内五十石〉、水谷〈以上三区属殿下村〉、下一光〈属安居村〉の五区三百石余なりしが、後天谷・下一光の二区を除きて三区と為り、二百八十石余に減ず。陣屋の在りし所は此地の中央にして今も尚門・塀・本屋等の形跡歴然たり。（注：糸生村は全十三区）

『福井県史』小林領

幕府旗本小林権大夫、丹生郡の内天谷以下五村三百余石を領す。その年明かならず。天保六年の郷帳に所載せり。初め天谷の駒氏をして世に大庄屋としてその所領を支配せしめたりしが、江戸参勤の煩に堪えず、陣屋をこの地に設くるに至れり。明治元年二月越前国高覚に高三百石小林仙之丞知行高と見えたり。

(16) 本著本題からはずれるが、赦免された年について史料に大きな間違いがあるため、ここに記しておきたい。

『寛政重修諸家譜』「昌近譜」では、赦免は元禄元年（一六八八）五月、「昌雄譜」では元禄五年（一六九二）五月とある。また『徳川実紀』では元禄五年、前将軍家綱の十三回忌法会によりゆるされる、とある。

以下にいろいろ間違いを正したが、いずれにしても昌近の赦免も昌雄と同じ元禄五年五月である。

小田切昌近が最初に預けられた土岐伊予守頼殷《よりたか》「譜」によると、元禄四年二月十三日に昌近が酒井石見守忠《ただ》予《やす》に預け替えられたとある。これは『徳川実紀』でも同じ記事を載せている。

ところが「頼殷譜」にはさらにのちまた松平（山内）土佐守豊昌に預け替えられる、とあり、その後のことは書かれていない。これは完全な間違いで、ここは昌近のことではなく、息子昌雄の預けられたところである。親子を混同して記載しているようである。

小田切昌雄が最初に預けられたという山内大膳亮豊明の『寛政重修諸家譜』「豊明譜」には、貞享四年七月六日に預かる、という記事はあるが、豊明自身が元禄二年預かりの身となり、その後の昌雄の記事はない。山内豊明を預かった松平（山内）豊昌の「譜」には元禄二年八月三日の記事がある。豊明の所領を預かり、さらに咎められることがあって豊明の采地はことごとく没収された、豊明とその二男豊清が預かっていた小田切昌雄もこのとき預かったと、そして昌雄は元禄五年五月罪ゆるされた、とある。

なお『土佐国群書類従』に、昌雄に関する記事がある（高野壽一氏、二〇〇九年九月、日野市真慈悲寺プロジェクトでの月例日の発表）。

（17）小林正利の息子源四郎正與は五番松平近江守組。小田切昌近の息子の新右衛門昌雄は十一番永井備前守組である。

（18）以下、隠元・木庵・潮音・光鑑らの名前は尊称等（禅師・和尚等）抜きで表示する。

(19)永寿山海福寺は明治時代、小学校建設のため現在地目黒へ移設された。

(20)『徳川実紀』では八月七日に法令を読み聞かしめたとある。

(21)木庵瑫は木庵性瑫《もくあんしょうとう》のこと。写真7にあるように「性」は系字である。法系三十三世の僧の系字が「性」ということである。

(22)稲葉正則は老中でもあったため黄檗宗発展への寄与も大きい。黄檗宗からの戒名を持った大名の例を挙げると、鉄牛道機開山牛頭山弘福寺と長興山紹太寺開基稲葉正則の潮信院泰応元如。鉄牛開山両足山大年寺開基の伊達陸奥守綱村は稲葉正則の娘を室にしているが、戒名は黄檗宗から得ていない。夫人は万寿寺宝蓮浄晃尼大姉といい黄檗宗からの戒名である。同じく仙台に黄檗宗の彼女の供養寺万寿寺も造られた。丹羽光重の慈明院玉峰性瑤、毛利吉就の寿徳院大光元栄、島津綱貴の大玄院昌道元新、鍋島元武の善通院金粟元明。鍋島元武は七万三千石の大名で潮音道海から法を継ぎ、寺院の開山僧、住持にまでなった。青木重兼の竹岩院端山性正も僧として寂している。等々、枚挙にいとまがない。光重・重兼戒名の系字が「性」になっていることから隠元隆琦から戒名を得ていることがわかる。

(23)光鑑元如の「元」は系字で、系字「道」が付く師の弟子であることを表わす。

(24)潮音道海らの「道」は第三十四世を表わす系字。系字「性」を持つ師の弟子であることを表わす。たとえば潮音は木庵「性」瑫からの印可を受けている。通常、名簿では系字は書かれない。

(25)ちなみに、前記木庵性瑫日本人弟子三傑僧が開山した寺は、これも枚挙にいとまがないが、大名達が開基した黄檗宗寺院の代表例を示しておく。

開山　潮音道海
陸奥国利府　伊達綱村　霊岳山龍蔵寺
山城国宇治　鍋島直茂　萬福寺塔頭緑樹院
肥前国小城　鍋島直能・元武　祥光山星厳寺

開山　鉄牛道機
陸奥国仙台　伊達綱村　両足山大年寺
武蔵国江戸牛島　稲葉正則　牛頭山弘福寺
相模国小田原　稲葉正則　長興山紹太寺

開山　慧極道明
武蔵国百草　大久保忠方　慈岳山松連寺
相模国小田原　大久保忠増　福聚山慈眼寺
長門国萩　毛利吉就　護国山東光寺

(26)『海録』(巻十七　二十四「大成経」)

「近世、先代旧事本紀大成経という偽書を憶度杜撰して—上野国黒瀧潮音という禅僧総裁と成り、儒者五十六輩加え、—伊勢両宮の本を乱し、世人を惑わさんとす、神宮より朝廷に訴え、板を削りて滅盡し世に布ず、然れども先達て書に売るものあり、是又禁ずと雖も、遺脱ありて世に匿す者あるは、如何ともしがたし、」本居氏が古事記伝「伊勢氏が旧事本紀剥偽にも、大成経の偽書なる」こと見えたり

(27) 天和四年（一六八四）は、二月二十一日より貞享元年となる。

(28) 享保二十一年（一七三六）は四月二十八日から元文元年となる。

(29) この『辞典』の最後に、『黄檗宗系譜』を参考にして作られた「黄檗法系譜」が載っている。

(30) 寛文十三年（一六七三）九月二十一日、年号は延宝元年となる。

(31) この日、印可を与えた五人は、光鑑元如（亀）（一月十五日）・宝雲元庭《ほううんげんてい》（一月十三日）・達関元棙《たっかんげんれい》（一月十三日）・実厳元澤《じつがんげんたく》（一月十四日）・観宗元通《かんしゅうげんつう》（二月二十日）である。
（）の中は『黄檗文化人名辞典』による元禄八年の嗣法月日。同じ日ではないが、一週間以内の嗣法である。宝雲元庭は未顕法のため『黄檗宗鑑録』には載っていない。

(32) 達関元棙に対する偈は、達関が『宝家集』という忘備録を残しており、その中に書かれていたものである（『緑樹』）。

(33) 不動寺二代の鳳山元瑞は、最初に取り決めのようなものを作った。それは、今後の当寺住持は、およそ三年の任期で勤めていこうというものである。いわゆる輪住制（輪番制）である。もちろん各種の都合で必ず三年ということではない。鳳山自身は二年間であった。後述のように、初期の頃は平均するとおよそ二年間であった。

(34)実質開山あるいは実質的な開山という言葉や言い方があるかどうかはわからないが、霊獄山龍蔵寺は、鳳山元瑞が伊達綱村から請われて開山した寺であることからこの言葉を使用した。師である潮音道海を勧請開山に奉っている。実際の記録では、開山は潮音とある。

(35)ちなみに僧形木造倚像二体の他に百草観音堂に保存安置されている仏像は以下のものがある。平成十九年(二〇〇七)に日野市郷土資料館依頼による早稲田大学会津八十一記念博物館特任教授(当時)浅井京子氏を団長として文化財調査が行なわれ、造像年代がほぼ特定されている。

・聖観音菩薩立像　木像　漆箔　彫眼　平安時代(十二世紀)
・十一面観音菩薩立像　木像　漆箔　彫眼　江戸時代(十八世紀)
・阿弥陀如来坐像　木像　漆箔　玉眼　鎌倉時代(十四世紀)
・大日如来坐像　木像　漆箔　彫眼　平安時代(十二世紀)

(『東京都日野市　百草観音堂および百草八幡神社の文化財調査報告書』)

(36)変成男子《へんじょうなんし》とは、仏教用語である。女性は五障があるために成仏が難しいということから、いったん男身になって成仏するというもの。五障とは女人が持っている障りで、このため梵天王・帝釈天・魔王・転輪聖王・仏身と成り得ない(『広辞苑』)。

(37)黄檗宗における男子変成については、現在の黄檗宗寺住職の方四人に尋ねた。いずれもそういうことはない、という同じ答えであった。浅間山普賢寺住職大井玄春氏・黒瀧山不動寺住職長岡良圓氏・福聚山泰耀寺

住職矢田俊氏・慧日山千手院住職正満英利氏。

(38) いくらか別の事柄ではあるが、女子でも居士とする非常にまれな例が『海録』に書かれている（巻十六八十「女に大居士の法名を付る事」）。大塚に大慈寺と云寺院あり、そこに天受院殿（天樹院・秀忠長女千姫）の侍女に、刑部卿局―内藤氏女―といいて英才の夫人ありしが、其没後にこの寺を功徳院に建立ありし也、その法名大慈寺殿栄寿尼大居士とあり、これは台命にて男子に準じて法名付くべき由の仰なりとぞ、いと珍し、（かっこは筆者注）

(39) 写真を浅間山普賢寺住職の大井玄春氏に見ていただいたところ、払子を持つ手の形を指摘なされた。

(40) 一般的にも右手に、拄杖（しゅじょう、あるいは、ちゅうじょう）を持っている例も多い。高僧の頂相《ちんそう》（一種の肖像画）には、この例が多い。

(41) 海眼院の墓塔には「海眼院浄輪江月」とあるが、これまでの本著での戒名の書き方からすれば、海眼院江月浄輪となる。道号江月がうしろに書かれた墓塔銘の例となる。

(42) 池田冠山は鳥取支藩、新田・西館五代の松平縫殿頭定常のことである。文人としても名高い。

(43) どういうわけか『黒瀧宗派簿』や黄檗本山の古い『黄檗宗鑑録』には、この嗣法日の記載が抜けている。

(44) 松平（池田）仲澄は貞享二年（一六八五）七月二十七日、兄である伯耆守綱清が父、鳥取藩主松平（池田）光仲の遺領を継いだとき、二万五千石を分知されている。子の吉泰が綱清の養子となり、本藩の藩主になった後、父仲澄に五千石を贈呈した。これで仲澄の領知するところは合わせて三万石となった（『鳥取藩史』）。

(45) 涼月院の江戸での墓所は西大久保の「日蓮宗春時山光清院」法善寺にあり、と書かれている（『江戸黄檗禅刹記』『鳥取藩史』一巻）。今もあるこの寺は、涼月寺があったところに近い。残念ながらここも火災や地所の問題などがあって片付けられてしまったのか、涼月院の墓はなかった。しかし鳥取二代藩主松平（池田）綱清とその弟である涼月院の夫、池田仲澄の母である芳心院の「芳心院殿妙英日春大姉尊霊」と刻まれた供養塔がある。これは芳心院十三回忌にあたる享保五年（一七二〇）十一月十八日に建てられている。芳心院はこの寺の外護者であった。開基は池田綱清である。法善寺に芳心院がお参りにくるときは葵紋の籠が特別に境内まで寄せられた、という伝承を寺の三上氏からお聞きした。芳心院の江戸での墓は池上本門寺内の大きな敷地に建っている。彼女は紀伊初代徳川頼宣の娘で、家康の孫にあたる。加藤清正の孫でもある。涼月院とその夫の池田仲澄はともに家康のひ孫ということになる。

(46) この時期、市谷本村は寺院を建てる余地はなかったと思われる。これよりずっと前の明暦二年（一六五六）尾張殿の御用地となって、寺院などは谷町等へ移転させられているからである。したがって、本郷からいつのころかに本村に移され、元禄六年（一六九三）に「市谷谷町へ移す」の間違いではないか。

(47) 百草の天柱《てんちゅう》元磉《げんそう》墓塔銘では、示寂月日は二月三日となっているが、『禅海山涼月禅寺記』では三月三日、『牛込区史』では六月二日となっている。どれかが墓銘や文書の不明瞭さから読み違えたものと思われる。

(48) この年、元禄十六年（一七〇三）十一月二十二日に南関東大地震があり、小田原城石垣が大破した。江戸城下にも大きな被害があった。譲渡の月日が不明のため単なる憶測であるが、地震との関係はないだろうか。

（49）今、涼月寺は廃寺になっている。その跡はすべて住宅街になっている。明治二十年の『内務省地理局東京実測図』に涼月寺は載っている。その後の明治四十年の地図には載っていない。したがって涼月寺がなくなったのは、明治二十年（一八八七）五月から明治四十年（一九〇七）までの間と考えられる。
昭和五年（一九三〇）発行の『牛込区史』にはもちろん「廃寺」とあり、「日蓮宗」と間違って書かれている。さらに、涼月院を「松平因幡守室」としているが、実際は松平（池田）壱岐守室である。繁華な住宅地になっていなければ、多くの場合、寺はなくなっても墓地が残っている例は結構多い。しかし都心では遺跡はまったくなくなっており、墓塔などどこへ行ったか不明なことも多い。他の寺に預けられることもあるが、海眼院のものはそれも不明である。念のため、隣に今もあって昔からお互い助け合っていた浄土宗安養寺に聞いてみたが、そこにはなかった。江戸にあった他の黄檗の寺も探してみたいものである。

（50）『江戸寺社・日光安居院《あんご》』の目録には元禄六年（一六九三）から文化年間（一八〇四～一八一八）までの鳥取藩関係寺社である上野《うえの》涼泉院以下二十一ヶ所の江戸寺社および日光安居院に関する記事が書かれている。
また松連寺の項の内容の書き下しは筆者と神奈川県南足柄史同好会会長内田清氏とで行った。

（51）岡嶋正義は佐野家から岡嶋家へ養子に行き、寛政六年（一七九四）九月、十一歳で家督を継いだ。四二〇石。先代から藩主に仕え、日記が付けられていた。これを二十年かけて編集し、天保末ごろ完成させた。嘉永末ごろ（一八五四年ごろ）藩に提出している。涼月院のことなども少し書かれている。

（52）江戸五庵とは、①鉄心庵→梅龍山陽光寺　②真光庵→慧日山真光寺　③福聚庵→福聚山泰耀寺　④放光庵→

放光山龍潭寺　⑤大慈庵→萬徳山広済寺である。ちなみに大慈庵は、五代将軍綱吉が館林藩主のとき、開基者となって館林城内に創建され、綱吉の息子で二代の館林藩主が没したのち廃寺となった萬徳山広済寺の山号・寺号をここで復活させた。大慈庵も広済寺と同様、潮音道海《ちょうおんどうかい》の実質開山、木庵性瑫の勧請開山である。

(53)『江戸名所図会』にある松連寺図には「観音堂」が境内に描かれている。しかしこれは桝井山松連寺のものではなく、そのあとの慈岳山松連寺のものである。慈岳山松連寺の観音堂は小田原藩が寄進建造したものである。

(54)宝永八年（一七一一）は四月二十五日に正徳元年と年号が変わっている。三月の没であるから、宝永八年となる。

(55)観源衍性《かんげんえんしょう》はのち江戸放光山龍潭寺《りゅうたんじ》四代目住持、および黒瀧派本山不動寺の三十五代住持となっている。

(56)宮野氏については、いまのところ不詳。

(57)光鑑元如の前の十七代黒瀧山不動寺住持は玲岩元慧で、元禄六年（一六九三）一月十五日に潮音道海から嗣法。光鑑の二年前である。珍厳は後述する眞福山寶林寺で、光鑑より三代あとの七代住持にもなっている（『寺院録』）。

光鑑のあとの十九代からは系字が「浄」の僧となる。すなわち潮音道海の孫弟子ということになる。その十九代は月浦元照《げっぽげんしょう》の弟子で、光鑑より半年ほど早い元禄七年（一六九四）閏五月十一日嗣法の玉峰浄白《ぎょくほうじゅはく》(59)である。玉峰浄白は信濃国浅間山普賢寺の八代住持（普賢寺位牌）や普賢寺末の同じく信濃国臼田妙音庵の開山和尚（『緑樹』）になっている。ちなみに、月浦は潮音道海の実弟で、潮音からの嗣法は貞享三年（一六八六）一月十五日である。月浦も不動寺十代の住持となっている。

（58）光鑑元如が不動寺の十八代目になった推定時期について、後ほど長野県佐久市慧日山千手院住職正満英利氏と話したところ、同じような答えを出しておられた。

（59）『寳林寺文書』というものがあるようだが（『緑樹』）、筆者未見。

（60）寳林寺中興五代大通元聡は不動寺十四代に、七代玲岩元慧は不動寺十七代、八代暁山浄昇は不動寺二十八代となる。いくらか時間を置いて十八代・十九代・二十代・二十一代・二十二代がそれぞれ不動寺住持となっている。

（61）この墓塔の銘は、年号と干支との表記の順番が多くの他の表示と若干異なる。多くは享保十四己酉年あるいは享保十四年己酉と表示し、また多くは干支の部分はその他の字より小さく書かれる。光鑑の墓塔銘はその点いくらか珍しく、享保の次に己酉が同じ大きさの字で続き、そのあと十四年となっている。

（62）『黒瀧潮音和尚の年譜』記載の事項には、実は間違っているものがある。「八月、観月の心（観月元心《かんげつげんしん》）を挙して眞福山に住しむ」とある。しかし観月は寳林寺に行っていない。寳林寺の墓地には「当寺中興第二代大心光和尚」という墓塔がある。『年譜』の観月は、正しくは大心であろう。大心元光《だいしんげんこう》の「心」を間違えて観月元心の「心」としてしまったのであろう。大心元光の嗣法日は延宝六年（一六七八）六月一日である。また大心は江戸に徳峰庵を開山している（『緑樹』）。

(63)朗山浄日は、賓林寺中興二代大心元光から元禄八年(一六九五)十月十五日の嗣法で、光鑑元如より九ヶ月遅い。弟子は三人ほどいる。

(64)大通元聡は潮音道海から元禄元年(一六八八・実際は九月三十日まで貞享四年)一月十六日嗣法で、光鑑元如よりも七年早い。不動寺一四代住持にもなっている。また常陸国那珂郡(茨城郡)金毛山(門毛山)済雲寺の開山僧でもある(『近世黄檗宗末寺帳集成』)。

(65)なお、脱稿後に、十年前に応募した桝井山松連寺に関する一部の論文が『応募論文集』に掲載されたことを知った。付記しておく。
「武蔵国多摩郡百草村桝井山松連寺および黄檗宗住僧等」(『応募論文集』第三号(第十六回~第二十三回)、東京黄檗研究所編、禅林寺発行、二〇二二年九月)。

【引用・参考文献】

[史料一覧]

『石坂一雄家文書』(石坂一雄家蔵)/『江戸黄檗禅刹記』(国立公文書館蔵)/『江戸寺社・日光安居院』下帳従元禄六年 至」(鳥取県立博物館蔵)/『黒瀧山末寺簿』・『黒瀧宗派簿』(群馬県南牧村黒瀧山不動寺蔵)/『因府年表』(鳥取県編『鳥取県史』近世資料編第七巻 所収)/「正徳四年甲午年九月朔日武州多摩郡百草村明細帳の写し」『由木家文書』(由木家蔵)/「上野国南牧村不動寺末 市谷谷町 禅海山涼月寺」(名著出版『御府内寺

社備考』所収」）／『土佐国群書類従』（国立公文書館蔵）／『黒滝潮音和尚年譜』（所蔵不明）／『武州多麻郡百草村桝井山正八幡宮伝紀』（百草八幡神社蔵）／『海録』（図書刊行会、一九一五年）／『黄檗宗鑑録』萬福寺刊（黄檗宗務本院、一九三六年）／「内務省地理局　東京実測図　明治二十年内務省実測　東京五千分ノ一」「明治二十年内務省実測　東京五千分ノ一全　二幀」（人文社、一九六九年）／『潮音和尚末後事実』緑樹嗣法門人寿峰元福選述／「第二回幻の真慈悲寺を追って」特別展資料『真慈悲寺と百草観音堂―時代を超えて育まれた仏像群―』（日野市郷土資料館、二〇一一年）／『史料綱文』（東大史料編纂所大日本史料総合データベース）／『禅海山涼月禅寺記』『江戸黄檗禅刹記』内閣文庫版　巻之六「涼月記」文藻（付古文書）（国立公文書館蔵）

［論文一覧］

田中紀子「松連寺に関する新発見」（『日野の歴史と文化』第二十一号　日野史談会、一九八五年）
村上直「全龍寺の石像坐像・旗本小林権大夫正利について」（『川崎市文化財調査集録』第二十三集　川崎市教育委員会、一九八八年）
西村勉「日野市百草山における二つの廃寺―慈岳山松連寺と桝井山松連寺」（『黄檗文華』一二七号・黄檗文華研究所、二〇〇三年）
上野さだ子「松連禅寺之碑」（日野市郷土資料館、二〇〇九年）
上野さだ子「松連寺の建立はいつか」（『幻の真慈悲寺を追い求めて　二〇一〇』（日野市郷土資料館・二〇一〇年）

野村武男「尼禅師　寿昌院慈岳元長（小田原→多摩郡百草・黄檗歴史紀行）」（『幻の真慈悲寺を追い求めて　二〇一〇』日野市郷土資料館、二〇一〇年）
小林祐子・水野僚子・両角かほる・安田彩子・吉田恵理「『江戸黄檗禅刹記』研究（一）―美術品台帳編―」（『応募論文集』第二号　東京黄檗研究所、二〇一〇年）
堂坂日出夫「小林権大夫正利坐像についての考察」（『幻の真慈悲寺を追い求めて』Vol.2、日野市郷土資料館、二〇一八年）
野村武男「小林権大夫正利開基の観音堂は百草村倉沢にあり」『幻の真慈悲寺を追い求めて』Vol.2、（日野市郷土資料館、二〇一八年）

［書籍一覧］
平久保章『隠元』（吉川弘文館、一九六二年）
井筒雅風『法衣史』（雄山閣出版、一九七七年）
北島正元『武蔵田園簿』（近藤出版社、一九七七年）
黒板勝美『徳川実紀　第七篇』（吉川弘文館、一九八二年）
鈴木壽『御家人分限帳』（近藤出版社、一九八四年）
朝倉治彦『江戸城下武家屋敷名鑑』上巻　人名編（原書房、一九八八年）

大槻幹郎ほか『黄檗文化人名辞典』（思文閣出版、一九八八年）
小川恭一『江戸幕府旗本人名事典』（原書房、一九八九―一九九〇年）
竹貫元勝『近世黄檗宗末寺帳集成』（雄山閣出版、一九九〇年）
圭室文雄『日本名刹大事典』（雄山閣出版、一九九二年）
片山迪夫『武蔵名勝図絵』（慶友社、一九九三年）
正満英利『緑樹』（潮音禅師三百年遠諱大法会実行委員会、一九九四年）
木村得玄『校注　江戸黄檗禅刹記』（春秋社、二〇〇九年）
野村武男『老中夫人　寿昌院と智光院　謎を追って、相州小田原・武州百草・そして黄檗へ』（日本文学館、二〇一三年）
『尋芳拾遺』（黄檗宗大本山塔頭緑樹院および（財）青少年文科研修道場発行、一九七三年）
『消えた寺が語るもの―多摩市の廃寺と寿徳寺の周辺―』（パルテノン多摩歴史ミュージアム企画展展示図録、二〇一二年）
『東京都日野市　百草観音堂および百草八幡神社の文化財調査報告書』（日野市郷土資料館編、二〇一四年）
『黒瀧開山　潮音道海禅師』正満英利明圓（黒瀧潮音禅師研究所　慧日山千手院、二〇〇四年）

［自治体史］

『群馬県邑楽郡誌』　群馬県邑楽郡教育会編さん・発行（一九一七年）

『牛込区史』（東京市牛込区編、一九三〇年）

『豊島区史』資料編三（豊島区史編纂委員会、一九七六年）

『鳥取藩史』一巻（鳥取県編、一九六九年）

『丹生郡誌』（福井県丹生郡教育会編、一九〇九年）

『日野市史』通史編二（日野市史編さん委員会編、一九九五年）

『福井県史』第二冊第二編（福井県編纂、一九二二年）

『多摩広報』「歴史のさんぽみち」（多摩市、一九八六年七月号）

| 年号 | 西暦 | | 光鑑元如 | 寶林寺 | 潮音黒瀧派 | その他出来事 |
|---|---|---|---|---|---|---|
| 寛永12年 | 1635 | | | | | 小林正利、誕生 |
| 寛永16年 | 1639 | | | | | 小田切昌近、誕生 |
| 正保元年 | 1644 | | | | | 小田切昌近祖父昌次、8／25没77歳 |
| 正保3年 | 1646 | | | | | 昌近、家光に初拝謁8歳 |
| 承応元年 | 1652 | | | | | 小林正利、8／28家綱に初拝謁18歳 |
| 承応3年 | 1654 | | | | | 小林正利、7／18大番勤務20歳<br>隠元隆琦、7／5長崎着 |
| 明暦元年 | 1655 | | | | | 木庵性瑫、6／26来日 |
| 万治2年 | 1659 | | | | | 小田切昌近、7月大番に21歳 |
| 万治3年 | 1660 | | このころ誕生か（推定1） | | 潮音道海、初めて一寺の住持に | |
| 寛文元年 | 1661 | | | | 潮音道海、木庵性瑫の弟子に | 小林正利祖父正吉、閏8／23没75歳<br>隠元・木庵、閏8／29宇治黄檗山萬福寺へ<br>日本黄檗宗成立 |
| 寛文3年 | 1663 | | | | 潮音道海、隠元隆琦からこの戒名を得る | |
| 寛文4年 | 1664 | | | | | 木庵性瑫、9／4萬福寺2代住持に |
| 寛文5年 | 1665 | | | | | 諸宗寺院法度公布7／11 |
| 寛文6年 | 1666 | | このころ誕生か（推定2） | | | |
| 寛文7年 | 1667 | | | 潮音道海、2／15眞福山寶林寺を中興開山、初代住持に | | |

| 年号 | 西暦 | | 光鑑元如 | 寶林寺 | 潮音黒瀧派 | その他出来事 |
|---|---|---|---|---|---|---|
| 寛文9年 | 1669 | | | | 潮音道海、館林萬徳山広済寺2代住持に | |
| 寛文10年 | 1670 | | | | 潮音道海、8月木庵から印可 | |
| 延宝元年 | 1673 | | | | 潮音道海、7月初めて弟子に嗣法 | 隠元、4／3示寂82歳 |
| 延宝2年 | 1674 | | | | | 小林正利父正綱、4／17没65歳<br>小林正利、7／12正綱遺跡を継ぐ |
| 延宝3年 | 1675 | | | 大心元光、8月寶林寺2代住持に | | |
| 延宝6年 | 1678 | 不動寺にて修行中 | このころ不動寺に入門か（推定1） | 大心元光、潮音道海から嗣法 | | |
| 延宝8年 | 1680 | | | | | 木庵性瑫、1／15萬福寺退任<br>徳川綱吉、8／23将軍宣下 |
| 天和2年 | 1682 | | | | 天柱元礎、市谷禅海庵に書記として在庵 | |
| 天和3年 | 1683 | | | | 潮音道海、広済寺を出て8／3黒瀧山不動寺 | |
| 貞享元年 | 1684 | | このころ不動寺に入門か（推定2） | | 天柱元礎、4月潮音道海から嗣法 | 木庵性瑫、1／20示寂74歳 |
| 貞享2年 | 1685 | | | | | 小田切昌近父昌快、9／8没74歳 |
| 貞享4年 | 1687 | | | | | 小田切昌近・昌雄父子、4月預かりの身に |
| 元禄元年 | 1688 | | | | | 寺社統制、古跡、新地の別を定む |
| 元禄2年 | 1689 | | | | | 小林正利、百草村検地実施 |
| 元禄3年 | 1690 | | | 寶林寺全堂宇完成 | | |

| 年号 | 西暦 | | 光鑑元如 | 寶林寺 | 潮音黒瀧派 | その他出来事 |
|---|---|---|---|---|---|---|
| 元禄4年 | 1691 | 不動寺にて修行中 | | | | 小林正與、8月倉沢観音堂に供物具寄進 |
| 元禄5年 | 1692 | | | | 天柱元磔、禅海庵を開山 | 寺院の新規建立禁止5／9<br>小田切昌近・昌雄、5／9罪免除される |
| 元禄6年 | 1693 | | | | 潮音道海、1月黒瀧派結成 | |
| 元禄7年 | 1694 | | | | 禅海庵開基涼月院、6／18没 | |
| 元禄8年 | 1695 | おそらく不動寺 | 潮音道海から1／15嗣法<br>おそらく顕法の為黄檗本山へ行く | | 潮音道海、8／24旅先の美濃臨川寺で示寂68歳<br>鳳山元瑞、8月不動寺2代住持 | |
| 元禄9年 | 1696 | | | | 天柱元磔、2／3市谷禅海庵で示寂<br>宜孝浄慶、禅海庵2代に | 小田切昌近、7／5致仕、嫡男昌雄、家を継ぐ |
| 元禄10年 | 1697 | | | | 碧湖元達、9月不動寺3代住持 | |
| 元禄11年 | 1698 | | | | | |
| 元禄12年 | 1699 | | | | | |
| 元禄13年 | 1700 | 桝井山松連寺　→ | 桝井山松連寺開山 | | 覚照元宗、不動寺4代住持に | |
| 元禄14年 | 1701 | | 『武州多麻郡百草村桝井山正八幡宮伝紀』を著す | | | |
| 元禄15年 | 1702 | | | | | 小林正與、2／17松連寺観音堂扁額寄進 |
| 元禄16年 | 1703 | | 江戸市谷の禅海庵を譲り受ける | | 禅海庵、百草松連寺に統合 | |

| 年号 | 西暦 | | 光鑑元如 | 寳林寺 | 潮音黒瀧派 | その他出来事 |
|---|---|---|---|---|---|---|
| 元禄16年 | 1703 | 桝井山松連寺 | 天柱元礫寿像安置<br>海眼院、松連寺へ移籍 | | 天柱元礫、松連寺の追請開山僧として奉られる | 元禄関東大地震11／23 |
| 宝永元年 | 1704 | | | | | 小林正利、5／26致仕70歳 |
| 宝永2年 | 1705 | | | 大心元光、示寂5／14<br>朗山浄日、寳林寺中興3代住持 | | |
| 宝永3年 | 1706 | | | | | |
| 宝永4年 | 1707 | | 海眼院、9／29寂 | | | 富士宝永大噴火11／23～ |
| 宝永5年 | 1708 | | 海眼院、3／20遺産を松連寺へ寄進 | | | 小林正義、7月桝井山観音堂手水鉢寄進<br>小林正利、2／8逆修墓塔作成<br>小林正利、8／15自身の石造寿像観音堂に |
| 宝永6年 | 1709 | | | | 碧湖元達、8／5示寂64歳 | 徳川家宣、5／1将軍宣下 |
| 宝永7年 | 1710 | | | | | 小林正利、2月庚申塔造立 |
| 正徳元年 | 1711 | | 禅海庵、百草桝井山松連寺から分離する | | | 小林正利、3／23没77歳<br>正利嫡男正與、5月遺跡を継ぐ450石 |
| 正徳2年 | 1712 | | | | 宜孝浄慶禅海庵2代、5／12示寂<br>禅海庵、禅海山涼月寺に格上げ | 小田切昌近、8／15没74歳 |
| 正徳3年 | 1713 | ← | | | | 徳川家継、4／2将軍宣下 |
| 正徳4年 | 1714 | | 桝井山松連寺無住（廃寺か）に<br>桝井山松連寺から出る | | | 小林正與、8／5百草領地を越前に移される |

| 年号 | 西暦 | 居所 | 光鑑元如 | 寶林寺 | 潮音黒瀧派 | その他出来事 |
|---|---|---|---|---|---|---|
| 正徳5年 | 1715 | ←居所不明→ | | | | |
| 享保元年 | 1716 | | | | | 徳川吉宗、8／3将軍宣下<br>小林正與、9／30没50歳 |
| 享保2年 | 1717 | | | | | 慧極道明、慈岳山松連寺勧請開山<br>小田切昌雄、4／1没48歳 |
| 享保3年 | 1718 | | | | | |
| 享保4年 | 1719 | | | | | |
| 享保5年 | 1720 | | | | 涼月寺に天柱元磙・海眼院墓塔建つ<br>覚照元宗、9／3示寂74歳<br>鳳山元瑞、10／20示寂73歳 | |
| 享保6年 | 1721 | ← 寶林寺・不動寺 → | | 光鑑元如、この頃寶林寺4代住持に、か | | 北宗元揮、慈岳山松連寺を再開山 |
| 享保7年 | 1722 | | この頃寶林寺中興4代住持に、か | | | |
| 享保8年 | 1723 | | | | | |
| 享保9年 | 1724 | | 弟子一翁浄麟に12／17嗣法 | | | |
| 享保10年 | 1725 | | | | | |
| 享保11年 | 1726 | | 弟子慈眼浄覚に嗣法（年不明） | | | |
| 享保12年 | 1727 | | この頃不動寺18代住持に、か | | | |
| 享保13年 | 1728 | | | | | |
| 享保14年 | 1729 | | 寶林寺と不動寺兼任か<br>9／1示寂 | 大通元聡、寶林寺5代住持 | | |

| 年号 | 西暦 | | 光鑑元如 | 寳林寺 | 潮音黒瀧派 | その他出来事 |
|---|---|---|---|---|---|---|
| 享保15年 | 1730 | | | | 星川浄寿、10／15示寂（百草村飛地に供養塔あり） | |
| | | | | 朗山浄日、示寂12／21 | | |
| 享保17年 | 1732 | | | | 仙鶴、3月「禅海山涼月禅寺記」を著わす | |
| 文政10年 | 1827 | | | | | 池田冠山、11月『江戸黄檗禅刹記』著 |
| 天保元年 | 1830 | | | | | 慈岳山8代魯庵如道、8／15松連禅寺之碑建立 |

# 謝辞

今回報告の百草村内黄檗宗桝井山松連寺やその檀越らに関する多くの新事実発見は、日野市歴代の歴史家、郷土史研究家や日野市郷土資料館の調査研究に基づいてのものです。また近年では、日野市の「真慈悲寺調査プロジェクト」での討論などからも新事実が発掘されました。本著はこれらの延長上になされたものです。

先人や「プロジェクト」主催の日野市、その郷土資料館、また主担当の小黒恵子氏、プロジェクト研究参加の方々から討論をいただいたこと、特に故西村勉氏の百草における黄檗宗に関しての先駆的な調査に敬意を表します。地域史に長年の多くの業績のあるなかからわずかな一部だけでしたが、引用させていただいた上野さだ子氏、その他論文を引用させていただいた堂坂日出夫氏・高野壽一氏に謝意を表します。「真慈悲寺調査プロジェクト」内での研究成果を評価し、また自らも指針となる研究を示していただいた東京都立大学名誉教授峰岸純夫氏に感謝いたします。

貴重な所蔵物や写真等を供覧していただいた東京都日野市百草八幡神社の氏子会の方々や、史料にはない百草村の多くの歴史、言い伝えなども話していただいた氏子会総代の青木寛司氏に感謝を、また神社氏子会がこれら貴重な歴史的品々を長年大事に、丁寧に保存されてきたことに敬意を表します。

小林権大夫正利の石造寿像を所蔵されている川崎市中原区曹洞宗福聚《ふくじゅ》山全龍寺住職柳周峯氏、潮音道海禅師の頂相写真などを提供いただいた群馬県邑楽《おうら》郡千代田町黄檗宗眞福山寶林寺住職海野《うみの》宗弘氏および加えていくらか示唆をいただいた同副住職海野峻宏氏、潮音道海禅師の研究に大きく寄与され、また貴重な資料もいただいた群馬県高崎市居住で、長野県佐久市黄檗宗慧日山千手院前住職であられた故正満《しょうまん》英利氏、『黒瀧宗鑑簿』その他貴重な史料、開山堂の位牌の紹介、説明をいただいた群馬県甘楽《かんら》郡南牧《なんもく》村黄檗宗旧黒瀧派本山黒瀧山不動寺住職長野良圓氏、多くのアドバイスと資料本『緑樹』をいただいた長野県御代田町黄檗宗浅間山普賢寺住職大井玄春氏に御礼を申し上げます。さらに『寺院録』を見せていただき、その他多くの情報をいただいた東京都江戸川区福聚山泰耀寺住職矢田俊氏に御礼を申し上げます。また、長野県・神奈川県の各寺院へ自動車で案内していただいた神奈川県小田原市在住櫻井保武氏、長野県小諸市在住小林勝彦氏に感謝いたします。

さらに鳥取県立博物館の來見田《くるみだ》博基氏には鳥取藩の各種史料に関しての貴重な情報をいただき、御礼を申し上げます。そして、この史料を共に書き下していただいた、神奈川県南足柄市史同好会会長内田清氏に感謝申し上げます。

最後になりましたが、「第一回歴史研究郷土史大賞」を実施していただいた戎光祥出版株式会社内「歴史研究会」、『歴史研究』編集長小西元子氏、本書編集の石渡洋平氏に深く感謝いたします。

二〇二三年六月

野村武男

【著者紹介】

野村武男（のむら・たけお）

東京都日野市在住。名古屋大学卒業、名古屋大学大学院修士課程修了。博士号取得後、私企業研究所勤務を経て、株式会社設立、代表。現在、同設立会社顧問。

主な著書に、『老中夫人　寿昌院と智光院　謎を追って、相州小田原・武州百草・そして黄檗へ』（日本文学館、2013 年）、『家康長男信康と大久保家の謎』（日本文学館、2013 年）。主な随筆に、「武蔵国百草村の寺院と相模国小田原城主夫人」（『歴史研究』703 号、2022 年）。主な論文に、「弓削寺（『吾妻鏡』に記された「弓削寺」は、どこ？）」・「尼禅師　寿昌院慈岳元長（小田原→多摩郡百草・黄檗歴史紀行）」・「寿昌院塔修復簡易新方法処置実施」（『幻の真慈悲寺を追い求めて』、日野市郷土資料館、2010 年）、「大久保宗家六代忠増第三番目の夫人、寿昌院（喜与姫）」（『小田原史談』245 号、小田原史談会、2016 年）、「小林権大夫正利開基の観音堂は百草村倉沢にあり」・「百草桝井山松連寺中興開山黄檗僧『光鑑元如』とその調査・研究の裏側」（『幻の真慈悲寺を追い求めて』vol.2、日野市郷土資料館、2018 年）、など。

装丁：川本 要

戎光祥郷土史叢書04

黄檗僧《おうばくそう》 光鑑元如《こうかんげんにょ》

幻《まぼろし》の名刹《めいさつ》を中興開山《ちゅうこうかいざん》した傑僧《けっそう》

二〇二三年一〇月一〇日　初版初刷発行

著　者　野村武男

発行者　伊藤光祥

発行所　戎光祥出版株式会社

東京都千代田区麹町一－七

相互半蔵門ビル八階

電　話　〇三－五二七五－三三六一㈹

FAX　〇三－五二七五－三三六五

編集協力　株式会社イズシエ・コーポレーション

印刷・製本　モリモト印刷株式会社

https://www.ebisukosyo.co.jp

info@ebisukosyo.co.jp



ISBN978-4-86403-484-5